儿童语言心理学

（完全图解版）

张熙◎编著

中国纺织出版社有限公司

内容提要

良好的口才与清晰的语言表达能力不但能增强孩子的自信,还能让孩子们在成长过程中获得更多的机会。

本书全面剖析了培训孩子语言技巧所需要的因素,教会孩子克服胆怯、提升自信,从而培养良好的人际关系。通过此书,孩子们可以增强语言表达能力,提升语言表达技巧,学会为人处世的技巧,在成长的路上时刻充满快乐。

图书在版编目(CIP)数据

儿童语言心理学:完全图解版/张熙编著.——北京:中国纺织出版社有限公司,2021.5
ISBN 978-7-5180-7876-9

Ⅰ.①儿… Ⅱ.①张… Ⅲ.①儿童—心理语言学—图解 Ⅳ.①H0-05

中国版本图书馆CIP数据核字(2020)第174180号

责任编辑:张 羽 责任校对:高 涵 责任印制:储志伟

中国纺织出版社有限公司出版发行
地址:北京市朝阳区百子湾东里A407号楼 邮政编码:100124
销售电话:010—67004422 传真:010—87155801
http://www.c-textilep.com
中国纺织出版社天猫旗舰店
官方微博http://weibo.com/2119887771
三河市延风印装有限公司印刷 各地新华书店经销
2021年5月第1版第1次印刷
开本:880×1230 1/32 印张:6.5
字数:98千字 定价:39.80元

凡购本书,如有缺页、倒页、脱页,由本社图书营销中心调换

前言

俗话说："一言之辩重于九鼎之宝，三寸之舌强于百万之师。"人的嘴巴有两个作用：吃饭和讲话。当一个人想要吃好饭，拿好铁饭碗，那就要先讲好话。口才的作用和重要性不言而喻，它是决定一个人生活、学习及事业优劣成败的重要因素。

现在的父母，普遍比较重视孩子能力的发展和素质的提高，通常都会送孩子参加音乐、舞蹈、美术等培训班，让孩子接受琴、棋、书、画等艺术的熏陶，总希望孩子可以学到一技之长，提升自身素质。但他们却往往忽视了，孩子身上最应该培养的能力其实是语言。

语言是交流的载体，孩子们所要传递的信息、所要表达的感受和观点及人与人之间的沟通，主要是通过语言来进行的。通过语言培训，孩子们可以做到发音标准，用词准确，语言流畅地表达自己的思想。而且，在语言心理学长时间的熏陶下，孩子语言表达能力必然会有很大的提高，最终会养成在即时讲话、交流中做到以充分的热情、温和的态度、深厚的文化底蕴、深入浅出的技巧和对答自如的习惯，可以做到侃侃而谈，也可以娓娓道来，也可以进行画龙点睛地点评，即便在陌生人面前讲话也能自如得体。面对他人的言语，孩子也可以机智地

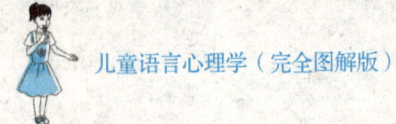

反应,并通过流畅的语言表达展现自我风采。

语言表达的就是心中所思所想,因此,语言与心理也息息相关。在对孩子进行语言培训的过程中,教师会通过思维方式的训练、语言的培养来提高孩子的思维能力。语言训练让孩子头脑灵活,反应敏捷,判断力强,自信增加,可以在各种讲话的场合得心应手赢得别人的尊敬和赞扬。

同时,语言培训能让孩子同时具备渊博的文化知识、敏捷的思维能力和良好的心理素质。那么,孩子一定有灵活的应变能力,当遇到突发事件和意外情况时,就会临危不乱、冷静应对,并快速作出反应,随机应变,牢牢把握住日常交际的主动权。

编著者

2020年10月

目录

第1章 父母重启蒙，孩子口才自然好 ‖001

家庭和谐，是最好的语言教育环境 ‖003

孩子会说"不要，我自己来" ‖006

不满足愿望，孩子就哭闹不止 ‖011

别用"奶味语言"与孩子交谈 ‖015

给孩子大胆争辩的机会 ‖018

口才好，帮助孩子成就非凡人生 ‖021

第2章 练好"素质"内功，练口才就是练"心" ‖025

礼貌用语，让孩子出口有礼 ‖027

孩子表现欲太强，父母别太关注 ‖030

孩子内向，父母要鼓励他开口讲话 ‖035

鼓励胆怯的孩子走出去 ‖039

消除自卑，孩子自然大方讲话 ‖042

第3章 语言养成记，顺利过渡语言敏感期 ‖049

孩子经常说些不切实际的话 ‖051

001

孩子常常说脏话，喜欢骂人 ‖054

孩子的"词汇爆炸期" ‖058

孩子总喜欢提各种问题 ‖062

孩子为什么喜欢说谎 ‖066

第4章　用好社交用语，孩子迈出社交第一步 ‖071

学会打招呼，意味着孩子踏入社交之门 ‖073

教会孩子正确与人打招呼 ‖075

做好自我介绍，让别人快速记住你 ‖079

对他人保持热情并礼貌地打招呼 ‖082

为小伙伴取个别样的称呼 ‖085

第5章　先学会闭嘴，倾听比诉说更重要 ‖089

先沉下心写，再学会说话 ‖091

孩子，首先得学会倾听 ‖094

从倾听中发现对方的喜好 ‖096

倾听时观察对方的小动作 ‖099

学会闭嘴，少说多听 ‖102

与人交谈时，少说自己 ‖105

没话找话，找到共同话题 ‖108

目录

第6章 表达有技巧，做人见人爱的孩子 ‖111

说话必须掌握的"四个W法则" ‖113

学习招人爱听的说话方式 ‖115

不啰嗦，说话简洁明了 ‖117

用词得当，语言表达有层次感 ‖119

语言朴实，表达真情实感 ‖120

表情生动，把语言与感情相融合 ‖122

运用口语，通俗易懂 ‖124

让孩子大胆把"不"说出口 ‖127

第7章 表达有声有色，变身小小主持人 ‖133

不同的场合，需要不同的语言风格 ‖135

小小主持人基本语言表达 ‖137

讲好开场白，营造气氛 ‖140

注意环节，讲好承上启下的语言 ‖142

妙语连珠，掀起活动高潮 ‖144

风趣的语言，缓和现场气氛 ‖146

高度概括活动总结发言 ‖149

结束语的"言有尽而意无穷" ‖151

第8章 即兴口语表达，好口才信手拈来 ‖155

选好话题，张口就来 ‖157

精彩的开场白，语出不凡 ‖159

精妙构思，即兴讲话 ‖161

短小精悍，一鸣惊人 ‖165

大众化语言，迎合听众需求 ‖167

语言之外的肢体语言 ‖169

接打电话时，注意使用规范语言 ‖173

第9章 练好台下功，孩子出口成章 ‖177

让孩子每天花三十分钟阅读书籍 ‖179

广泛涉猎不同领域的课外书籍 ‖182

观看电视节目时注重拓展视野 ‖185

多积累故事才能讲好故事 ‖187

好词好句每天一积累 ‖190

关注社会热点和新闻实事 ‖192

说话有趣的孩子更受欢迎 ‖195

参考文献 ‖199

第1章

父母重启蒙，孩子口才自然好

对于孩子来说，语言表达能力是非常重要的基础能力，但大部分父母不重视孩子这方面能力的培养。在孩子想要说话的阶段，父母应该注重启蒙，为孩子创造更适合、更丰富的语言环境，孩子口才自然才能好。

家庭和谐，是最好的语言教育环境

许多教育专家都在强调，家庭对于孩子教育的重要性，作为构成家庭主要成员的父母，更是担负着家庭教育这样的重担。其中，为孩子营造出一个和谐的家庭坏境成为了家庭教育的重中之重。家庭是孩子日常生活中最理想的港湾，它是遮风挡雨的寓所，也是孕育希望和放飞理想的土地。

一个和谐的家庭坏境，可以帮助孩子忘却疲劳、紧张和烦恼，这时候家庭成为了孩子前进的加油站。孩子会在一个和谐的家庭坏境里获得生机与活力，在父母那里获取信心和勇气。因此，父母要做好孩子的优秀表率，首先就要为孩子营造一个和谐的家庭坏境。

有这样一个家庭案例：一天，吃过晚饭，妈妈和爸爸两人商量在哪家过年，妈妈一边夹菜一边笑着说："昨天妈妈就打电话来说，让我们早点回去，可以让孩子看一下过年杀猪，他还从来没有见过哩。"爸爸叹了一口气："每年都在你家过，啥时候回咱们那个老家啊。""这不为了孩子嘛，你们家隔得远，回去一趟不方便，都累得人仰马翻，谁还有心情玩啊？"妈妈辩解道。爸爸把刚拿起的筷子又放下了："可昨天爸爸也

打电话给我说,今年无论如何得回家过年,爸这么大年纪,我们都两年没有在家过年了,他们也想念孩子。""我说你这人怎么这样啊,不是说好今年在我家过吗,我都跟妈妈说好了,到假期再让孩子去爷爷家玩吧。"妈妈有点不耐烦了。"什么时候说好了,我同意了吗?"爸爸也提高了声音。

于是,在你一句我一句的争执中,两人吵了起来。孩子有点害怕地看着爸爸妈妈,小声喊道:"爸爸妈妈,你们别吵了。"可是,正吵得厉害的两人哪听得到孩子说的话,一个比一个的声音大。爸爸把门一摔,出去了,两人的争吵这才停了下来,妈妈委屈地流下了眼泪。

对于和谐的家庭坏境,心理学家是这样概括的:家庭成员之间配合得非常合适,心往一处想,劲往一处使。在这样和谐家庭坏境中成长的孩子,他们没有心理上的压迫,各方面都能够得到健康的发展。家庭是孩子成长的第一环境,孩子未来的精神风貌都来自和谐家庭的教育。如果孩子处于和谐的家庭环境中,他就会表现得精神振奋、性格开朗、活泼乐观,浑身充满了自信;反之,如果孩子处于一个压抑的家庭氛围中,他就会表现得性格内向、缺乏热情、感情脆弱,有可能还会形成严重的心理障碍,出现抑郁症等心理疾病,这时候,父母与孩子之间也形成了思想上的代沟与隔阂。

生活在什么样的家庭,就带给孩子什么样的发展。那些

在缺乏和谐的家庭中成长的孩子,他们的身心得不到健康的发展,继而影响到他们未来一生的生活。据调查,那些不够和谐的家庭很容易造成家庭的不完整和孩子的畸形发展。因此,为孩子营造和谐的家庭环境,是作为父母的首要任务。

 小贴士

1. 和孩子做朋友

父母要多站在孩子的角度来考虑问题,体会他们那个年龄阶段下的心态,这样就可以进行和谐的沟通。有的父母认为孩子很小,擅自剥夺了孩子的权利,其实,这时候,父母要做到对待家庭成员人人平等,创造出一种民主的家庭氛围,少一些专制。当父母言行失当的时候,也要虚心接受孩子的建议。如果孩子做错了事情,父母则要耐心诱导,不要急躁,也不要对孩子发脾气。为了孩子的健康成长,父母应极力营造和谐的家庭环境,多给孩子一丝微笑与鼓励,多一些夸奖与欣赏。

2. 父母应互相谦让和谐相处

若一个家庭吵架不断,父母之间也不能互相宽容,常常因为一件小事就争吵,甚至动手打架,孩子处于这样的环境中,就会感到烦躁,时间长了,孩子在性格上也会烙下不良的印记。所以,作为父母应该互相谦让,和谐相处,一家人感情融洽,互相尊重,这样和谐的家庭环境才能让孩子感到舒心,促

进孩子健康成长。并且,父母的行为还会影响到孩子,让他懂得关心别人、尊重别人。父母之间需要和谐相处,避免矛盾,减少争执,让孩子有一个和谐温暖的家庭。

3. 父母应该多给孩子一些关爱

来自父母的关怀能够激发孩子对生活的信心和热爱,父母应该多给孩子一些关爱。但是,这样的关爱并不是没有节制的溺爱,而是有原则地关爱,重点放在孩子的学习和生活上。虽然,今天的孩子不愁吃穿,但他们仍需要生活上的关心及学习上的关注。尤其是当孩子遭遇了挫折和失败的时候,更应该让孩子感受到父母爱的存在。

4. 为孩子创造温暖舒适的环境

不管父母的经济条件如何,都要努力为孩子创造温暖舒适的家庭环境。家庭环境的舒适并不需要贫富来区别,而是由内而外的温暖与舒适。贫穷的父母,只要多配合也能创造出一个良好的环境;富裕的父母,不仅仅是给孩子提供良好的环境,还需要把爱的温暖带给孩子。

孩子会说"不要,我自己来"

许多孩子在自我敏感期,就会说"不要,我自己来"。其

第1章 父母重启蒙，孩子口才自然好

实，这也是孩子的心理断乳期。断乳也叫作断奶，对正在逐步成长的孩子而言，他们还需要另外一段断乳期，那就是心理断乳期。心理断乳期的真正意义是摆脱对父母的孩子式依恋，走上精神的成熟与独立之路。所以，在这一阶段，父母应该把对孩子的爱放在帮助他们完成从幼儿到儿童的转变上。

孩子在成长过程中，需要经历两次心理断乳期，第一次心理断乳发生在2～3岁，也就是婴儿期向幼儿期的过渡；第二次心理断乳发生在13～14岁，也就是童年期向少年期的过渡。两个过渡期的共同之处在于身处其中的孩子具有强烈的反抗意识，他们会变得十分任性、固执、出现逆反心理，这给孩子的教育带来很大的困难。当孩子处于心理断乳期，父母应该冷静对待，正确教育，积极引导，否则会让孩子形成影响其一生的坏脾气。

萌萌4岁了，她经常说的一句话就是"不要"。出门坐电梯要自己按楼层键，如果爸爸妈妈伸手去按楼层键，萌萌就会大哭："不要，不要，我自己来。"有一次，因为爷爷先按下了楼层键，萌萌硬是从1楼哭到20楼才作罢。

吃饭时，萌萌也自己夹菜，但是她常常筷子拿得不稳，菜也会掉得桌子上到处都是。这时妈妈便会说："宝宝，妈妈给你夹菜，好不好？"说完就夹了菜放在萌萌碗里，没想到萌萌马上就不高兴了，她用筷子将碗里的菜夹出来，使劲地摔在桌子上。妈妈看到非常生气，训斥道："宝宝，你再这样，妈妈生气了哟。"

孩子到了2~3岁就会出现一些显著的个性特征，比如常常表现出探索行为，在探索过程中自尊心快速高涨，非常想要表现自己。所以，这个时期孩子自我意识的明显特征就是自主。这一段时期孩子什么都希望"自己做"，对父母的要求和帮助经常用说"不要"来拒绝。但事实上，孩子的行为经常受到父母的禁止和限制，这会导致孩子的强烈逆反情绪，他们经常以反抗和拒绝来表示自己与父母的矛盾冲突。在这个阶段孩子变得十分固执、任性，大部分父母只是认为孩子个性有些奇怪，并没有进行过多地关注。其实，这并非孩子个性的表现，而是从婴儿期向幼儿期过渡的行为特征。

1. 正确认识孩子的心理断乳期

父母要认识到这一阶段是孩子身心发展的必经阶段，只是每个孩子反应的时间和程度不一样而已。孩子在心理断乳期阶段身心达到了相对成熟的阶段，可以自由地与父母交流，能够做很多事情，有了初步的思维能力，也有非常强烈的独立意识，希望自己在家庭中有一席之地，可以与父母平等。孩子羡慕成年人的生活，渴望独立，这使得他们拒绝父母的关心、帮

第1章 父母重启蒙，孩子口才自然好

助，很多时候孩子的行为已经超出了年龄的允许，是不顾一切后果的做法，不可能得到父母的认同，于是父母和孩子之间产生了冲突。

2. 父母要做好心理上的准备

孩子处于心理断乳期，父母要保持平和的心态，首先要在心理上做好准备，千万别责怪孩子和自己。由于孩子有了强烈的独立意识，渴望从心理上"断乳"，孩子特别容易产生逆反心理。又由于父母对孩子行为的限制甚至惩罚，孩子的好奇心、求知欲得不到满足，他们感到自己得不到父母的尊重，于是产生与父母的对立情结和对父母的反感。假如父母不能以正确的态度认识这些行为，以科学的方法引导这些行为，对孩子施以正确的教育，就会导致孩子形成不良的个性特征，影响其健康成长。对此，父母要正确认识这个特定时期孩子的行为，为实施对孩子的正确教育找准方向。

处于心理断乳期的孩子不论父母说的是否正确，他们都采取拒绝的态度，并把与父母对抗作为心理安慰，从中获得快感。

3. 孩子的自立是可贵的

父母需要认识到孩子的自立是十分可贵的，需要保护孩子的自尊心和自信心。同时引导孩子，学一些儿童心理学知识，详细分析孩子行为的原因，以平等的态度和孩子沟通，因势利导，不要限制孩子做这做那，要鼓励孩子去做，让孩子感受

父母的爱，而不是完全的对立，这样可以避免孩子逆反心理的出现。

4. 引导孩子的任性

孩子处于心理断乳期时，父母要积极引导，不能让孩子凭着性子做事，对他们出现的错误要及时纠正。很多时候孩子不容易接受父母的建议，一旦自己不合理的要求被父母拒绝，孩子就会使出浑身力气去反抗。这时父母千万不要觉得孩子大了脾气自然就会改正，必须对孩子的错误及时制止，对孩子完全迁就、溺爱，会让孩子形成不良的个性。

5. 教育需要讲究策略和艺术

孩子在对抗父母的过程中往往是紧张的，父母可以偶尔对孩子做一些非原则性的让步，让孩子感受到自己的价值。面对亲子间的矛盾，父母可以采用"不理睬"和"冷处理"的方法，比如对孩子哭、闹、任性等不予理会，让孩子冷静下来再进行教育和引导。或者根据孩子个性心理特点，适时用一些针对性的教育方法，因材施教，培养孩子良好的个性品质。

6. 充分理解孩子

父母对孩子的了解不局限于表现，必须学习儿童心理学的知识，了解心理断乳期。在孩子这一成长阶段，父母需要与孩子建立一种亲密的平等的朋友关系，相信孩子独立处理事情的能力。因为在这个时期中，孩子十分渴望父母的理解。

第1章 父母重启蒙，孩子口才自然好

7. 尊重孩子的个性

父母要多尊重孩子的自尊心，尽量支持他们，特别是当孩子遭受挫折、失败的时候，帮助孩子分析事情和平和心态，共同找出一个可以被孩子接受的解决方法。对孩子不合理的行为，父母要加以制止，不过要采取孩子接受的方法，避免伤害孩子自尊心，导致他们封闭自己的心，不再和父母沟通交流。

8. 给予孩子成长空间

孩子是一个独立的生命体，不可以被安排，孩子的成长、成熟，似乎让父母失去了拥有孩子的感觉，这对于父母来说是一个艰难的过程。但请父母给予孩子成长的空间和机会，孩子需要经历一些过程，才能够成长和壮大，从而变得更坚强、更勇敢。

不满足愿望，孩子就哭闹不止

在生活中，我们经常看到一些孩子，为了达到某种目的特别任性，有时甚至会哭闹不止，把父母搞得精疲力尽也不罢休。面对这样的情况，有的父母选择退让，或者听之任之；有的父母则把这种任性完全归咎于独生子女的娇惯。

美国儿童心理学家威廉·科克的研究表明，孩子任性是一

种心理需求的表现。孩子随着生理发育，开始慢慢接触更多的事物。他们对这些事物正确与否的判断，不可能像父母那样可以瞻前顾后地分析，然后做出判断。孩子只是凭着自己的情绪和兴趣来参与，虽然这些事物往往是对他不利的，或者是有害的。这时父母会以成年人的思维去考虑他参与后的结果，完全忽略了孩子参与的情绪和兴趣。

楠楠的任性使父母万分头痛，比如他刚从幼儿园回来，就一刻不停地在屋里又蹦又跳，一会儿窜到沙发上，一会儿又爬到床上，屋里被弄得凌乱不堪，他自己也浑身大汗，满脸通红。在看电视时，楠楠总爱把音量放得很大，家里人简直没办法说话、学习和休息，谁要是说他两句，他就大吵大闹，也不管地上是水还是泥，躺在地上又哭又叫。如果来了客人，孩子则像发了"人来疯"一样，喜欢拿着东西乱扔，一会儿投个布娃娃，一会儿又抛个小枕头，甚至可以把一只拖鞋踢进香喷喷的鸡汤里。

处于独立性萌芽期的孩子，一切事情都想亲力亲为，都想弄个透彻，这本来是一件好事。父母对于这样的情况，不可全权包办代替，也不要断然拒绝。否则，孩子的任性心理将会更加严重。孩子的任性，其实是一种与父母对抗的逆反心理，其根源就在于父母没有重视他们的心理需求。

第1章 父母重启蒙，孩子口才自然好

 小贴士

1. 鼓励孩子多与小伙伴玩

群体生活的一个重要原则就是少数服从多数，假如个人的意愿与多数人不一致，那就会被否定。父母可以多让孩子与同伴玩耍，因为在同龄人中间，如果孩子总是任性，他就会被群体孤立。即便是在家中比较任性的孩子，当他们处于群体之中时，他们也不会随便把自己的小性子表现出来，他们觉得自己任性只会遭人讨厌。这样时间长了，孩子身上任性的毛病就会慢慢克服了。

2. 转移孩子注意力

当孩子任性的时候，父母可以利用孩子容易被其他新鲜事物所吸引的心理特点，把孩子的注意力从他坚持要做的事情上转移开，从而改变孩子的任性行为。假如孩子在一个地方玩得很上瘾，不管父母怎么说他都不愿意离开。这时父母不妨说："走，我带你去坐汽车。"孩子就会愉快地答应下来。

3. 培养孩子良好的行为习惯

培养孩子良好的行为习惯，可以从根本上解决孩子的任性问题。父母可以让孩子从小养成良好的行为习惯，处处按照要求做，孩子就可以自觉地和父母保持一致了。一旦孩子养成了良好的生活习惯，做什么都有规矩，那就不会随便提出一些特

殊要求。

4. 情感上理解，行为上约束

父母要在情绪上表示理解，但在行为上要坚持对孩子的约束。比如在吃饭的时候，孩子忽然想起桌上没有自己喜欢吃的菜，就生气地拒绝吃饭。即便冰箱里有原材料，父母也不要迁就孩子给他做，应明确表示饭菜已经准备好了，就不应该随便换。假如孩子继续哭闹，就让他饿一顿，等他觉得饥饿时，自然会寻找东西吃。

5. 坚持原则

孩子任性往往是因为抓住了父母的弱点，父母越怕孩子哭，孩子就越是哭个没完；父母越怕孩子满地打滚，孩子就偏在地上滚个没完。父母对孩子提出的不合理要求，不论他们怎么哭，怎么闹，绝不能有任何迁就的表示，要坚持原则、态度坚决，而且势必坚持到底。

6. 适时表扬

有的父母认为孩子就是这样任性，是改不了的。实际上并非如此，孩子毕竟小，只要父母善于诱导，完全可以改变他任性的毛病。父母在诱导时要多利用积极因素，用积极因素克服消极因素。当孩子任性时，父母就表扬他的优点，孩子听到表扬之后情绪自然就缓过来了。

别用"奶味语言"与孩子交谈

生活中,许多父母在与孩子交谈的时候,会误以为孩子听不了太长的话,就将常用的名词、动词、形容词改成重叠词或拟声词,比如父母经常会将吃饭说成"吃饭饭",将水果说成"果果",从表面上看,好像很符合孩子的发音,实际上这样不利于孩子的语言发展。

事实上,孩子在成长过程中的语言发展有其自身的阶段性,他们在进行语言表达的过程中,会经历单词句、多词句、说出完整句子等几个阶段,那么父母在对孩子进行语言启蒙时,就应该遵循这一规律。

通常2~4个月的孩子处于发育阶段,婴儿刚出生就有哭声,两三个月就会发出"咿"等声音,不过这并不是语言,只是简单的发音。孩子在4~12个月时已处于咿呀言语阶段,他们最初的语言发育,是从听父母说话开始的,4~6个月后能发出连续的单音,如"妈妈""爸爸",10~12个月开始懂得一些简单词的意思,开始模仿着说一些简单物品的名称。

通常孩子在1~3岁时已处于简单言语阶段,1到1岁半是孩子理解语言的阶段,他们常常会把语言和动作结合在一起表达出来,比如叫"妈妈"会伸出自己的双手,所表达的意思就是希望妈妈能拥抱自己。当孩子到了4~6岁就是成语阶段了,父

母若想促进孩子语言的发展，就可以创造丰富的语言环境，在平时生活中多和孩子说话、读儿歌等，父母尽可能说普通话，可以让孩子模仿，同时鼓励孩子大胆、独立地说话，并及时纠正孩子不正确的发音和用词。

所以，父母在对孩子说话时，尽量不要使用"奶味"语言，这样才能更好地启蒙孩子进行更好的语言表达。

1. 孩子有较强的模仿能力

刚出生的孩子虽然听不懂父母的话，但是他们却有很强的学习能力，假如父母经常冲着孩子微笑，并且对孩子说："宝贝，我是妈妈。"时间久了，"妈妈"这样的语言信息就会存储在孩子的脑子里了。

2. 对孩子说单音时，可辅助动作

父母也可以对着孩子发出不同的单音，如"啊""咿"等，并常常不断地重复发出这些声音。当孩子主动地发出这些声音之后，父母要给予适当的奖励，比如带着微笑的赞扬、抚摸、拥抱等，然后以同样的声音回答孩子。这样经过一段时间的培训之后，就会发现在孩子高兴时或看到父母时就能主动地发出这些声音了。

3. 让孩子多听父母的声音

父母要对孩子的说话能力进行训练，否则孩子说话能力的提升会比较缓慢，在孩子成长的过程中，假如不让孩子说话，或者孩子听不见声音，就会影响孩子说话的能力。假如父母不跟孩子说话，而只是让孩子听电视声音，孩子也是学不会说话的，因为这没有感情的交流，同时还会影响孩子与父母之间的感情，所以在教孩子说话时，不要打开电视机。

4. 鼓励孩子发音

父母除了在生活上多关心孩子外，也要多鼓励孩子发音，这不仅可以与孩子进行情感交流，还可以促进孩子语言能力的提升。比如，父母在为孩子喂奶或抱起他时要用亲切的声调多与孩子说话，比如"孩子不哭，妈妈抱"，这样孩子一听到有人说话就可以安静下来。

5. 用正确语言和孩子说话

刚学会说话的孩子基本上能用语言表达自己的愿望和要求，不过还是有孩子存在着发音不准的情况，比如把"吃"说成"期"等，因为孩子发音器官发育不够完善，听觉的分辨能力和发音器官的调节能力都比较弱，不能正确掌握某些音的发音方法，不会运用发音器官的某些部位。这时父母不要去学孩子的发音，而是应当用正确的语言来和孩子说话，时间一长，在正确语音的指导下，孩子发音就慢慢正确了。

6. 父母别用"奶味"语言和孩子讲话

孩子掌握语言能力主要是通过模仿父母的语言表达形式，假如父母经常运用"奶味"语言或错误的发音方式和孩子交谈，时间长了就会使这些说话方式成为孩子主要的语言形式，一旦需要孩子用规范语言表达时，他们的语言就会发生障碍，处于张口结舌的尴尬境地。

所以，父母尽可能用正确、规范的语言与孩子交谈，这不仅有利于孩子掌握标准语言，还能为以后学习语言打下良好的基础。

给孩子大胆争辩的机会

德国心理学家安格利卡法斯博士认为："隔代人之间的争辩，对于下一代来说，是走上成人之路的重要一步。"允许逆反期孩子适当争辩，是有助于孩子摆脱无方向状态的一个途径，可以使他们知道自己的能力和界限在何处。同时，争执可以让孩子变得自信和独立，在对抗中他们感觉自己受到重视，知道怎样才能贯彻自己的意志。争执也表示孩子正在走自己的路，因为他们已经注意到，父母并非总是正确的。

心理学家认为，争执可以帮助逆反期孩子变得自信和独

第1章　父母重启蒙，孩子口才自然好

立。在与父母争辩的过程中，孩子会感觉自己受到重视，知道应该怎样表达才能实现自己的意志。同时，争执也表明孩子自我意识的觉悟，正在试着走自己的路。争辩的胜利，无疑让孩子获得一种快感和成就感，既让孩子有了估量自己能力的机会，也锻炼了他们的意志力。

由于受千百年传统观念的影响，父母总会觉得小孩子见识少、阅历浅、不成熟，又是自己生养的，于是形成了"大人说话小孩子听"的定论。许多父母不允许孩子与大人争辩，他们奉行"父母之命"的教义。孩子只能对父母的话"言听计从"，是决不允许与父母拌嘴、争辩的，否则就是"大逆不道"。实际上，随着孩子进入逆反期，他们的自我意识开始被唤醒，这时父母与孩子争辩是一件有意义的事情。所谓争辩是争论、辩论的意思，是各执己见，互相辩论说理，这样做有利于思想沟通，通过争辩形成共识、解决问题。

父母在教育孩子的时候，经常会遇到他们回嘴、反驳、顶撞等情况。面对孩子的争辩，父母最明智的做法就是给他们争辩的权利，认真听取他们的争辩。这样父母可以从孩子的争辩中了解他们发生某种行为的背景、条件及心理动机等，从而进行针对性地教育。同时，让孩子争辩，也为父母树立了一面镜子。父母通过听取孩子的争辩，可以检验自己的教育方法是否得当，说法是否在理。明智的父母常常不把自己的意志简单

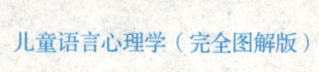

地强加在孩子身上,而是为孩子争辩创造一个宽松、平等的氛围。而在与孩子争辩的过程中,父母应循循善诱,以理服人,不要简单地把孩子的争辩看做是对自己的不敬。

小贴士

1. 孩子争辩意味着其能力的发展

处于逆反期的孩子争辩的时候,往往是他们最得意、最来劲、最高兴、最认真的时候。听取他们的争辩,这样做对孩子是很有益处的。允许孩子这样做,还可以营造家庭的民主气氛,提高他们各方面的能力,对孩子未来的生活也是大有好处的。

2. 允许孩子争辩

父母应该树立一种观念,允许孩子争辩,这并不是什么丢面子的事情。那种认为一旦允许孩子争辩,他们就会不听话,不尊重自己,与自己为敌的想法是不正确的。孩子与父母争辩,对双方都是很有好处的。

3. 制订一定的规则

当然,孩子争辩是应该遵循规则的,也就是说,不允许他们胡搅蛮缠、随心所欲,而是要在讲道理的基础上进行争辩。假如孩子违反了争辩的规则,父母自然应该加以制止。当然,父母是规则的制订者,因此在制订规则时要从实际出发,考虑孩子的情况,遵循一般的道理,这样的争辩才是合理的。

4. 给孩子说话的权利

对于许多父母而言，并不能轻易做到给孩子说话的权利。父母在教育子女的时候，往往是只能家长说孩子听，哪里容得孩子争辩？所以，给孩子争辩的权利，需要父母克服自以为是、唯我是从、只准说是、不准说"不"的单向说教思维定式，遵循尊重孩子、鼓励争辩、勇于认错、善于双方交流的思维方式。

5. 事后反思

假如孩子是因叛逆思维而进行毫无理由的争辩，父母事后可以反思，到底是自己没有尊重孩子的意愿？还是孩子确实是在胡搅蛮缠。假如是前者，那父母需要反思自己，是否真的尊重了孩子；假如是后者，那可以仔细观察孩子做出这样行为背后的真实心理，了解之后予以相应的教育方式。

口才好，帮助孩子成就非凡人生

众所周知，说话是如此简单而又极为普遍的一件事情，这样简单而普遍的事件，怎么会有非凡的人生意义呢？说话，首先意味着你把自己的形象完全地展现在公众面前，它就好像是一个人综合素质的一面镜子，也好似评价一个人能力及水平的一把尺子。对于一个普通人来说，说话说得好，无疑会为你

儿童语言心理学（完全图解版）

赢得良好的形象效应，自然而然地，你将会成为人们欢迎的对象，到那时，工作、爱情、理想还会远吗？显而易见，说话给每一个人都可以带来十分大的影响，难道说它给你的人生不能增添非比寻常的意义吗？

或许，有的人会有疑问：我既不是领导，也不是教师，我只是一个再普通不过的职员而已，说话对我不存在任何意义。可是，真的是这样吗？说话往往是伴随着一个人的职业发展悄悄地来到人们的面前，如果要说出需要"说话"的职业，那么，你或许马上就会脱口而出："校长、主持人、老师、律师、明星、运动员……"可能，你所能想到的还会有许多。足以见得，说话已经成为了我们人生中的一部分，对此，套用英国前首相丘吉尔一句经典的话："你能对着多少人讲话，你的人生将会有多精彩。"

一位女士作了这样的自述：

我以前是读幼儿师范的，毕业之后分配在一家幼儿园做幼儿教师工作。因为工作出色，5年之后，单位提升我为教务主任。结果，我一上任就遇到了一个大难题：需要经常给老师们开会。但我一当众说话就紧张，开了一年的会还是如此，开会前总是睡不好觉，吃不好饭，心神不宁，真是痛苦不堪，最后我选择了辞职作为解脱。

案例中的女士，仅仅因为说话的关系，就觉得自己的人生

充满了苦恼。可见，说话确实给我们的人生带来了一些与众不同的东西，给人生带来了非比寻常的意义。

在现实生活中，尤其是对于孩子来说，如果说话能够说得生动精彩、引人入胜、打动人心，无疑会给听众留下难以忘怀的印象，并且，还可以塑造良好的形象，使自己的威信得到提高，使自己的信心得到增强。

小贴士

1. 说话为人生的交际增添了色彩

21世纪是信息的时代，竞争异常激烈，机遇和风险并存。实力当然必不可少，但交际也有着相同重要的作用。孩子人生中的交际离不开演讲与口才，特别是说话能力，这将是获得社会认同、上司赏识、下属拥戴、同事喜欢、朋友帮助的必要条件。如此看来，说话给人生交际增添了许多的色彩。

2. 说话为人生的事业构筑桥梁

美国前总统尼克松曾经说过："凡是我所认识的重要领袖人物，几乎全都掌握一种正在失传的艺术，就是特别擅长与人作面对面的交谈……一位领导人如果不能在交谈时吸引人、打动人，那么，他大概也说服不了人，因此也未必能成为领导人……"

在这里，说话无疑为事业构筑了桥梁。既然说话会有如此

大的作用，那么对于一个普通孩子来说，说话的力量在事业上所产生的作用将会更大，诸如升职、加薪都将能够通过当众说话得到实现。

第2章

练好"素质"内功,练口才就是练"心"

成功的人不管在何时何地都可以泰然自若、舌灿莲花地完成每一次演说,孩子们总羡慕他们有一张能说会道的嘴。但事实上,在这些成功人士中,没有谁天生就是一副好口才。所谓的好口才必然是经过素质的训练,才能慢慢培养而成的。

第2章 练好"素质"内功,练口才就是练"心"

礼貌用语,让孩子出口有礼

许多孩子善于言谈,却不是那么会说话,给人的感觉总是很别扭,使人避而远之,唯恐不及,究其原因,就在于说话时少了礼貌的措辞。其实,在日常生活中,礼貌说话是十分有必要的,它是一个人素质的直接体现,也是能够赢得对方尊重的先决条件。有的孩子说话不礼貌,这样不仅仅会令人厌烦,而且最终会导致沟通失败。

尊重别人就是尊重自己,无论孩子在生活中扮演了什么角色,有着什么样的身份,礼貌一直是维持人际关系不断良性互动的规则。一个说话礼貌的孩子走到哪里都会受欢迎,而一个习惯于出言不逊的孩子,怎么样都得不到别人的喜欢。

章老师是一所高校有名的教授。有一天,一位隔壁学校的同学来找章教授,要章教授做他校外的论文评阅人。因为当时学校规定,论文答辩时要请一个校外的专家来指导。这位同学一进门,见章老师的屋里坐了好几位老师在商讨什么问题。他也搞不清哪位是章教授,就张口问道:"谁是章炳山呀?"章老师听到这个学生直呼自己的名字,脸色微微一变,几位老师也面面相觑。不过,章老师还是很有礼貌地对他说:"我就

是,找我有什么事吗?"那位同学大大咧咧地说:"噢,你就是章炳山呀,我可早就听说过你了,我是某某教授的学生,我的论文你给我看一下吧!"章教授到底是有涵养的人,虽然看到这个学生说话没有礼貌,但也没有表现出愤怒和不满,说道:"那你就放那里吧!"这名学生就把自己的论文往章老师的桌子上一扔,对章老师说:"你快点看呀!后天我们要论文答辩,你可别耽误我的事!"此话一出,章老师这么有涵养的人也忍受不了了,火气顿时上来,他对这位同学说:"这位同学请留步。请问一下是谁找谁办事呀?你的论文拿走,我没有时间给你看!"

一向很有涵养的章教授怎么会忍不住生气呢?原因就在于那位同学说话不懂礼貌,章老师是很有名气的教授,那位同学至少也应该礼貌地称呼"章老师",而不是直呼其名。另外,这位同学话语中透露出的"目中无人、随意指使"的态度,更让章教授生气。其实,无论是求人办事还是普通的交谈,我们都需要以礼貌的措辞来进行交谈,如果那位同学说话能够礼貌一点,那么章教授一定不会在嘴上为难他,定会乐意帮忙的。

语言本是思想的衣裳,它可以直接表现出一个人的高雅或粗俗。同时,语言交流是一种心灵沟通,要想使彼此之间的沟通畅通无阻,就应该得体地运用礼貌措辞,这样才会让对方感到"良言一句"的温暖，使自己与他人之间的感情很快就融洽起来。

何谓礼貌措辞？其实就是我们日常交际中所使用的"敬语"与"谦词"，这些口语表达可以体现出对他人的尊重，诸如请教、指教、劳心、费心等。如果孩子能在日常语言交际中使用这些谦词和敬语，对方肯定乐意与他们接触，与他们建立友好和谐的关系。

小贴士

1. 丰富礼貌用语

在平时生活中，孩子习惯这样打招呼："你吃饭了吗？""你到哪里去？"这样的日常用语显得有点单调乏味，同时也缺乏应有的礼貌。这时候，我们应该教孩子们丰富他们的礼貌用语，比如"早安，你好吗？""请代问全家好"等。

2. 使用礼节性语言

语言的礼节就是寒暄，有一些最常见的礼节语言惯用形式。比如，问候语"您好"，告别语"再见"，致谢语"谢谢"，致歉语"对不起"，回敬语"没关系""不要紧""不碍事"等。

3. 养成使用敬语、谦词、雅语的习惯

敬语也就是敬辞，表示尊敬礼貌的词语。我们常用的敬语

"请",第二人称"您",代词"阁下""尊夫人"等;谦语是向人表示谦恭和自谦的一种语言,比如称自己为"愚"自己的父亲为"家父"等;雅语是指一些比较文雅的语言,比如你端茶招待客人,应该说"请用茶"。

4. 善于言辞

交谈中,一般人都会选择大家共同感兴趣的话题,但是,对于一些不该触及的敏感话题,应该尽可能地避开。询问对方敏感的信息,是不礼貌和缺乏教养的表现。

孩子表现欲太强,父母别太关注

孩子进入幼儿期,常常会在人多的场合出现"人来疯"行为,异常活泼,非常调皮,让父母感到手足无措。孩子人来疯的行为,指的是孩子在客人面前或在有陌生人的场合表现出一种近似胡闹的异常兴奋状态。

比如,家里来客人了,孩子表现得十分高兴,一开始还能正常说话玩耍,渐渐地却陷入了一种近乎疯狂的状态,又吵又闹、上蹿下跳,让客人大为吃惊,父母也尴尬不已,却不知道如何让孩子安静下来,担心孩子的行为会给客人留下不好的印象。

许多父母都经历过孩子的"人来疯",平时看起来很听话的孩子,忽然之间在客人面前或公共场所,变得非常亢奋,如一只脱缰的小野马,不仅大吵大闹,而且还蛮横无礼。

孩子为什么会突然"人来疯",大部分原因在于七八岁的孩子本身就具有强烈的表现欲,喜欢给别人带来乐趣,希望得到别人的肯定和赞扬,不过,孩子在人们面前表现时又不能很好地掌握分寸,结果就疯过头了。

周末家里有客人来,王妈妈大清早就开始收拾屋子,准备食材,忙得没有工夫管7岁的儿子。儿子刚开始安静地待在客厅玩手机,不时还帮妈妈拿一下东西。

不一会儿,客人来了,王妈妈把客人请进屋子里,和好闺蜜饶有兴致地聊起天来。这时本来安静的儿子却不安分起来,一会儿把电视机声音调到很大,一会儿又把手机游戏声放很大,或者在屋子里故意走来走去。王妈妈让儿子安静一点,没想到儿子还冲着自己做鬼脸,甚至摆出一副"要你管我"的样子。王妈妈气得大声呵斥,但是根本没有用。最后,王妈妈只能让儿子回到他自己的房间,却听到儿子"砰"地一声关起了门。王妈妈感到很难堪,无奈地跟朋友笑了笑,朋友安慰着:"没事,孩子都这样。"

那么,孩子为什么会人来疯呢?

缺乏自控力。孩子的自控能力才刚刚发展,所以不能有效地控制自己。他们平时的行为带有很大的冲动性，而且自控行为会随着场景的变化而发生变化，一会儿好一会儿坏。当家里有了客人，父母会鼓励孩子表现自己，哪怕孩子表现过火了，父母也不会当着客人的面批评孩子。聪明的孩子感觉到父母的宽容，便会彻底释放自己的天性，所以不容易控制自己的言行。

孩子渴望得到关注。现实生活中许多父母因平时工作繁忙，很少带孩子出去玩，孩子在家里总是与爷爷奶奶一起玩耍，不然就是电视、玩具，他们的交往需要得不到满足。所以，当家里来了客人，孩子会感到好奇、兴奋，他们感到终于有人关注自己了。这时候如果父母只是跟客人聊天，那孩子心理就会觉得被冷落了，便会有意识地做出一些偏常行为，从而引起别人的关注。哪怕这样的行为会引来父母的批评，他们也会感到满足。

父母太溺爱或太严厉。有些父母对孩子太溺爱，不论孩子的要求是否合理，总是给予满足，让孩子变得自私、任性，在客人面前也不听父母的话，无理取闹；反之，有些父母对孩子太严厉，严重抑制了孩子喜欢玩的天性，当有人在场时，父母的注意力更多集中在客人身上，那孩子就会抓住机会来尽情表现自己。

客人出于表面的宽容。有时候，客人的宽容很容易引起孩子的"人来疯"。当孩子在表演的时候，客人会出于表面夸奖孩子，以此来取悦孩子父母；或者主动逗孩子，即便孩子做得不好，客人也不会过分苛求，非常宽容和纵容，这样会让孩子更加兴奋，趁机会做一些平时不太敢做的举动。

小贴士

那么，对孩子的"人来疯"行为，父母应该怎么办呢？

1. 不能总满足孩子的需求

孩子出现"人来疯"行为在于缺乏自制力，所以父母在平时教育孩子时要特别注意。对于孩子提出的要求，不能总是满足，特别是一些不好的习惯，应该及时制止，不能纵容，不能养成孩子"以自我为中心"的心理。渐渐地，孩子的自制力就会慢慢增强。

2. 适当给孩子一些表现的机会

家里有客人来，可以给孩子适当的表现机会，比如让孩子唱歌，讲故事，朗诵诗等，然后告诉孩子"你的歌唱得真不错，下次再给叔叔唱一首更好的，好不好？"如果孩子很兴奋，还想继续表演，那父母可以暗示"叔叔喜欢听话的孩子，你先自己去玩吧"。

3. 避免当着众人批评孩子

家里来了客人，当孩子出现"人来疯"行为时，父母不必着急，更不要当着客人的面批评孩子，这样会让孩子感到很难堪、很没面子，甚至会出现逆反行为，同时会让孩子感到只要客人来了自己就变得不重要了，孩子的自尊心没有受尊重。

4. 让孩子学着招呼客人

家里有客人时，父母与客人聊天的时候，别把孩子冷落在一边，这种时候应该让孩子学会招呼客人，比如帮忙倒茶，帮忙拿东西，有时也可以参加聊天，问孩子一些感兴趣的事情等。这样孩子可以感受到父母和客人对自己的喜欢，同时还能学一些待人接物的方法，既满足了孩子的表现欲，也不会给客人造成难堪。

5. 为孩子制造与外界接触的机会

父母想要减少孩子"人来疯"行为，可以多为孩子制造与外界接触的机会，带孩子多参加一些聚会，让孩子与同龄孩子玩耍，减少孩子看见陌生人的新鲜感。如果孩子不愿意与陌生孩子玩耍，父母也需要及时引导，让孩子慢慢感受到与人交往的乐趣，学会主动与人交往。

6. 给孩子定好规矩

家里来客人之前，父母可以先给孩子讲道理，不许"人来疯"，同时提出惩罚或奖励的方法。比如，假如孩子出现"人来疯"行为，就给予批评，取消周末出去野炊的计划等；假如孩子听话，没有出现"人来疯"行为，就及时表扬，满足其提出的合理要求。

7. 平时管教别太严厉

有的孩子平时看起来很乖，一旦有客人来了就出现"人来疯"行为。这时父母应该反思是否平时对孩子的管教太过于严厉。如果是这样，父母就不要过多限制孩子的自由玩耍时间，给孩子买一些合适的玩具，引导孩子多交同龄朋友，让孩子活泼好动的天性得到充分解放。

8. 别太过分关注

父母需要避免强化孩子的"人来疯"行为，一家人保持统一的教育方式，在孩子出现"人来疯"行为时别过多关注孩子，假装什么也没看见。同时，也引导并暗示客人不要关注孩子的行为。这样，孩子觉得没趣，自然也不会再用这种方式吸引注意力了。

孩子内向，父母要鼓励他开口讲话

逆反期的孩子喜欢自言自语，偶尔还喜欢流眼泪，甚至在很多时候都不当着父母的面，他们好像总是心事重重。

由于孩子都是家里的宝贝，父母或多或少对孩子都有迁就，特别是老人，为孩子包办的过多，所以造就了孩子强烈的自我意识和依赖思想，似乎受不了一点委屈，凡事总为自己考虑，稍微有一点不如意就开始哭，开始耍脾气。

此外，父母遇到事情需要往好的方面想，乐观一点，否则孩子也会耳濡目染，最后建议父亲多陪孩子。毕竟，和父亲在一起，孩子会更加坚强，更加勇敢，尽管这些母亲也会影响孩子，不过也不如父亲的榜样作用，所以父亲可以尽可能多陪陪孩子。

圆圆马上就7岁了，他胆子一向很小，在学校几乎不敢和老师讲话，更不用说上课主动举手发言了。在商店，他也不敢和商店的阿姨要礼物，尽管看到其他小朋友兴高采烈地炫耀他们的礼品，他也害怕上前去。

前天，圆圆家养了几天的鱼儿死了，他大哭了一场，然后一个人自言自语地唠叨："我们养的鱼儿死了，养的小鸟飞走了，养的花枯萎了，养的小鸡跑了，养的小孩子顽皮极了。"父母实在想不通，为什么这么小的孩子会有如此多的悲观情绪。前两天鱼儿生病了，圆圆还说："我代替鱼儿生病好了，如果鱼儿死了那我也不活了。"妈妈很担心他这种心态，对这样的孩子父母该怎么样引导呢？

当然，孩子的性格和家庭的教育环境也有很大的关系，假如父母多愁善感，孩子肯定一样；假如父母开朗大方，孩子也会很阳光，所以父母尽可能不要在孩子面前吵架，为孩子营造一个良好的家庭环境。

小贴士

1. 对孩子理智、科学地教育

当孩子多愁善感时，父母首先要语气平和地安慰孩子，向孩子表示自己的感受和他们是一致的，与孩子产生感情上的共鸣，让孩子意识到父母是与自己一起分担忧伤的。当然，父母可以善于利用时机，以孩子伤感的事物作媒介，理智、科学地对他们进行教育，这样有利于孩子学会较为冷静、恰当地面对人生的挫折和不幸。

2. 转移孩子的注意力

对于家中发生的一些事情，如小鸡死了、养的花枯萎了、养的小松鼠跑了等，父母很有可能在孩子面前表示出过惋惜、难过的情绪，那孩子也会受到影响。孩子有了这种情绪是痛苦的，不过，仅仅凭语言解释和安慰是不够的，比较好的办法就是转移注意力，如带孩子去逛逛超市，买点零食回家吃；到书店逛逛，买几本书回家看看；到玩具店买几样玩的东西回家玩玩，缓解痛苦的情绪。过段时间，孩子的情绪自然就会好转了。

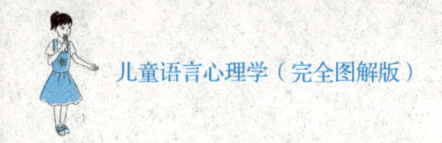

3. 多肯定孩子的优点

通常那些多愁善感的孩子更担心被别人否定，因此，父母要多关心孩子的优点，并常常以欣赏的语气鼓励他们，孩子得到了肯定，自信心就会增强，性格也会开朗起来。在平时生活中，父母需要细心观察孩子的喜好，努力挖掘孩子的潜能，然后创造条件让孩子有展示、表现自己的机会，一旦孩子获得了成功的体验，就会强壮起来。

4. 父母关系要和谐

平时，父母要注意营造轻松、欢乐的家庭环境和氛围，孩子从小就要有一个良好的生活环境。比如父母经常说说笑话，说些有趣的事情，对于一些悲伤的事情，父母最好不要在多愁善感的孩子面前表现得过于惋惜、难过，避免孩子受到影响。

5. 让孩子勇敢面对生活

当孩子由于多愁善感而掉眼泪时，父母要让孩子知道哭是没有用的，解决不了任何问题，即便哭得昏天黑地也不能改变事情的最后结果，而是要告诉孩子，正确的做法就是把眼泪擦掉，勇敢面对，坚强地迎接新的生活。

6. 别总是训斥孩子

多愁善感的孩子大多数缺乏自信心，父母不要总是指责孩子，这样的教育方式是不妥当的。因此，当孩子不会做某件事时，父母要向孩子解释和示范如何做才是正确的，孩子会做了，父母就会少一份担心，多一份乐观，而孩子也敢于积极地去面对很多事情。

7. 尊重孩子的想法

如果希望多愁善感的孩子变得坚强，那父母就不要总按照自己的意愿来塑造孩子，让孩子言听计从。有任何事情都要尽可能与孩子商量，特别是孩子自己的事情，父母一定要尊重他们的想法，多听取孩子的建议。

鼓励胆怯的孩子走出去

实际上，孩子的胆怯是家庭教育的"副产品"，很多父母总是担心孩子吃苦受累，不让干这做那，这就是孩子形成胆怯心理的主要原因。生活中，我们经常会看到一些孩子，见生人就哭，不敢自己去做事，处处需要大人陪着，我们称这样的孩子胆小怯懦，那这是什么原因造成的呢？

小明从小在爸爸妈妈身边长大，不过由于爸爸妈妈工作比较忙，每天只能由年迈的奶奶带着。小明从小调皮、爱动、脑子转得快，经常跑出去玩，年迈的奶奶总是追不上。奶奶担心孩子摔倒，于是经常吓唬小明说："你再跑就让收破烂的把你给收走了。"

有一天，小明跑远了，看不见奶奶，他大声地哭了起来。这时正好来了一个骑三轮车的叔叔说要把他送回去，小明以为是收破烂的要把自己带走，吓得他使劲地大哭，直到晚上睡觉时还在哭。

从这以后，小明就变得十分胆小，只敢在自己的屋子里玩，处处都十分小心。不过他在家里又非常调皮，经常会犯些小错误，这时爸爸就会批评他。为了逃避批评，小明竟然慢慢学会了撒谎。对此，爸妈很是担心，如此胆怯的孩子该如何是好呢？

心理学家认为，孩子形成胆怯心理是多方面原因造成的。首先是孩子的生活圈子太小，有的孩子平时只生活在自己的小家庭里，尤其是由爷爷奶奶照看的孩子，很少出去玩，很少接触外人，他们的依赖性较强，无法独立地适应外部环境。

其次就是父母喜欢吓唬孩子，有的孩子在家里不听话，如哭闹或不好好吃饭时，父母就用孩子害怕的语言吓唬他"再哭就把你扔在外面让老虎吃了你""泥土里有虫子咬你的手"。如此恐吓孩子，会让孩子失去安全感，形成胆小怯懦的性格。此外，父母在日常生活中对孩子有过多的限制，比如去公园玩耍，不让孩子去爬山、不让孩子去湖边玩等，也会造成孩子不敢从尝试与实践中获得知识,取得经验,从而导致胆怯的性格。

小贴士

1. 鼓励孩子多参加活动

父母应有意识地为孩子创造外出活动与他人交往的机会,尤其是在家里由爷爷奶奶或外公外婆代养的孩子,更需要从家庭的小圈里解放出来,父母要经常带孩子到公园和其他公共场所多走走多看看,让他们接触、认识、熟悉更广阔的世界。父母还可以带孩子去走访亲友,或去外地旅行,开阔他们的视野,并让孩子和小伙伴们在一起做游戏,和大家一起参加活动,一起结伴买东西等,从而锻炼孩子的胆量。

2. 帮助孩子提高认识

孩子胆怯大部分是后天形成的结果,作为父母要端正思想,按照孩子的年龄和实际情况,给予积极的引导,帮助孩子丢掉"怕"字,同时告诉孩子,胆小鬼是什么事情都做不好的,让孩子鄙视胆小怕事的行为。对于孩子存在的胆怯心理,可以进行锻炼和诱导,比如孩子怕生人,当有客人来临时,应让孩子与客人接触,并锻炼他在客人面前讲话。这样一回生二回熟,会慢慢改变孩子的胆怯心理。

3. 培养孩子勇敢的精神

父母可以经常讲一些有关勇敢的故事，平时多多观察孩子，当他们遇到困难时，给予他们及时的帮助，并鼓励孩子去战胜困难。对孩子进行胆量方面的训练，如在感觉训练中，加大木梯的训练量，慢慢锻炼孩子的胆量。

4. 交给孩子一些任务

父母可以有目的地交给孩子一些可以完成的任务，限时间完成。比如，假期可以让孩子独立坐公交车去朋友家或跟旅行团旅游，在这个过程中让孩子去锻炼、去克服困难。同时父母要给予鼓励、指导和帮助。当孩子完成任务时，父母应进行表扬，帮助孩子树立信心。

5. 与孩子平等对话

父母与孩子的交流是多方面的，如果孩子怕黑，那父母可以在全家人看电视时把灯关上，让孩子慢慢适应黑暗。假如孩子害怕陌生人，父母可以有意让孩子单独去超市购物，去书店买书，去参加一些宴会或电视节目等。

消除自卑，孩子自然大方讲话

孩子产生自卑心理，基于多方面的原因。比如父母能力较强,对孩子期望过高,往往会让孩子产生自卑感,生活在这样的家庭里,孩子总认为"爸爸妈妈什么都行,我什么都比不上他们,怎么努力都没用";有的则是家庭不完整,容易让孩子产生自卑心理,生活在破裂家庭中的孩子,得不到父母足够的爱,觉得自己是被社会抛弃的孩子;有的父母采用粗暴、专横的教育方式,严重地伤害了孩子的自尊心,往往会让孩子产生自卑心理;有的是父母自身有自卑情绪,平时总说"我不行",潜移默化地影响了孩子,使孩子产生自卑心理。

心理学家认为,自卑经常以一种消极的防御的形式表现出来,如妒忌、猜疑、害羞、自欺欺人、焦虑等,自卑会让人变得非常敏感,经不起任何刺激。假如一个孩子被自卑心理所笼罩,其身心发展及交往能力将受到严重的束缚,才智也得不到正常的发挥。

小东是一位三年级的男同学,他长了一双会说话的大眼睛,白白净净,头发有些自然卷曲,成绩还不错,不过就是性格内向,十分腼腆,在人前不苟言笑。上课时从来不举手发言,即便老师点名要他回答问题,他也总是低着头回答,声音很小,而且满脸通红。

下课除了上厕所之外,他总是静静地坐在自己的座位上发呆。老师让他去和同学们多接触,他只会不好意思地笑一下,依然坐着不动。平时在家里他也总把自己关在屋子里，不和朋友们去玩。遇到周末的时候，父母想带他一起出去玩，或是去朋友家里做客，他也不去，甚至连自己的爷爷奶奶家也不愿意去。

小东身上的现象，在许多孩子身上都有可能有所体现，这些都是自卑的产物。自卑，就是一个人严重缺乏自信，常常认为自己在某些方面或各个方面都不如别人，经常将自己的缺点与他人的优点作比较。自我评价过低，瞧不起自己，这是一种人格上的缺陷，一种失去平衡的行为状态。

小贴士

1. 避免苛求孩子

父母要帮助孩子建立自信，克服自卑心理。所以父母对孩子的要求要适当，不能苛求孩子。父母对孩子的要求应与孩子实际的能力和水平相适应。若孩子取得了好成绩，那父母应及时表扬、鼓励，让孩子对自己充满信心。对于那些成绩稍差的孩子，父母应予以关心和安慰，帮助孩子分析原因，总结经验和教训，给予孩子耐心的指导，一步步提高孩子的成绩。

2. 丰富孩子的知识

生活中，父母经常发现当许多孩子一起交谈的时候，有的孩子说得滔滔不绝、绘声绘色，而自己的孩子却只是在一边听，一言不发。这是什么原因呢？这主要是由于孩子的知识面不同，有的孩子见多识广，有的孩子知识面较为狭窄。而那些知识面较为狭窄的孩子更容易自卑，父母需要有意识地帮助孩子丰富知识，开阔眼界。

3. 给予孩子一定的心理补偿

消除孩子的自卑心理，父母要善于发现他们的优点和缺点，并为孩子提供发挥长处的机会和条件，让孩子学会理智地对待自己的短处，寻找合适的补偿目标，从中吸取前进的动力，将自卑转化为一种奋发图强的动力。

4. 引导孩子交朋友

自卑的孩子大多比较孤僻、不合群，喜欢把自己孤立起来。而积极的人际关系会为孩子提供必要的社会支持系统，利于自身压力的减缓和排解，性格也会变得乐观起来。而且孩子在与人交往的过程中，会更加客观地评价自己和他人。父母要多鼓励孩子交朋友，并教给他们一些社交技能。

5. 帮助孩子获得成功经验

当孩子成功的经验越多，他们的期望值就越高，自信心也就越强。对于自卑的孩子来说，父母要帮助他们建立起符合自身情况的抱负，增加成功的经验。当孩子遭遇困境，心生自卑的时候，父母可以引导孩子去做一件比较容易成功的事情，或者参加感兴趣的活动，以消除自卑。比如，当孩子在考试中失利了，不妨让其在体育竞赛中找回自信。

6. 采用小目标积累法

许多孩子产生自卑，往往是由于对自己要求过高，将自己已经取得的成绩忽略了，他们只是沉浸在大目标无法实现的焦虑中，心理上就经常笼罩在悲观、失望的阴影中。对此，父母可以帮助孩子制定一个能在短时间内实现的小目标，引导孩子向前看，从已经实现的小目标中得到鼓舞，增强自信。随着小目标的积累，不但会形成一个实现大目标的动力，而且会让孩子形成足以克服自卑的信心。

7. 引导孩子正确面对挫折

孩子在生活中难免会遇到失败和挫折，而失败的阴影是产生自卑的温床。对此，父母需要及时了解孩子的心理变化，予以指导，帮助孩子及时驱逐失败的阴影。父母可以帮助孩子将失败当作学习的机遇，分析失败的原因，从失败中学习和吸取教训。也可以帮助孩子将那些不愉快、痛苦的事情彻底忘记。

8. 尊重孩子的自尊心

有的孩子自尊心较强，假如做错事情，自己就会很内疚。假如父母这时再冷嘲热讽，一顿责骂，就会严重挫伤孩子的自尊心。孩子就会破罐子破碎，表现越来越差。所以，当孩子做错事情，父母应关心、理解孩子，只要孩子知错能改就行了。这样孩子就会排解消极情绪，变得越来越自信。

第3章

语言养成记,顺利过渡语言敏感期

当孩子开始注意大人说话的嘴形,开始牙牙学语时,就进入了语言敏感期。孩子具有自然赋予的语言敏感力,所以在这一阶段孩子会出现一些自言自语、喜欢说大话等成长特点,父母要多引导,注重培养孩子的语言表达能力。

妈妈，天为什么是蓝色的？
为什么小鸟会飞？
为什么电视是方的？
你为什么要看电视？
百科全书
我现在都知道啦！
天是蓝的是因为……

孩子经常说些不切实际的话

孩子的大脑通常是灵活的，对外界新鲜事物往往怀有浓厚的兴趣，有时候，他们会以好奇的心态向父母提问，这些问题是孩子了解这个世界、培养创新能力的重要途径，父母千万不要对孩子的问题置之不理，或者是随便应付，这样会让孩子失去热情，创新能力也会随之消失。另外，创新并不是我们想象的那么神奇，也没有我们想象的那么困难。我们日常生活中的点点滴滴也能体现出创新，创新就在我们身边。

爷爷很喜欢养花，偶尔他还会给我家捎带几盆好看的花，放在阳台上，并嘱咐家里的孩子按时给花儿浇水。几盆花儿在孩子的精心照顾下长得枝繁叶茂，春天还开出了漂亮的花朵。有一天，孩子突发奇想地剪下了几枝月季花和太阳花，悄悄地把它们埋到了泥土中，还煞有介事地为它们浇水。过了几天，孩子看到月季花都枯萎了，但是太阳花却开花了，还从泥土中冒出了几个新芽。孩子很纳闷，因为两种花都是按照同样的方法种的，可却是不同的结果。他带着自己的疑问去找爸爸，爸爸一听孩子把花剪掉了，有些生气地说："你怎么能这样做呢？花儿那么美，你为什么把他们剪掉呢……"孩子呆立在那里，他在想还要不要把自己的新奇想法告诉爸爸。

据一份研究资料显示：外国中学生平时看上去学习不大用功，但却能时常提出一些独特的创新见解；而我国中学生平时学习刻苦，成绩也不错，遇到问题时却墨守成规，缺乏创新和突破。这样的现象值得每一位父母警觉和重视，不要再让孩子被动地接受学习，当他们的思想僵化，就真的毫无创造力可言了。因此，作为父母，应该鼓励孩子的创造性，教会孩子打破常规，突破创新，当孩子的智慧火花闪现时，要加以保护。

其实，孩子的创新思维体现在现实生活中甚至可以是很简单的方面。比如，一种游戏，孩子想出了一种新的玩法；一道数学题，孩子想出了新的解题方法；面对新现象提出的创新问题，等等，这些都是孩子打破常规的创新行为。培养孩子创新意识的方法是多样化的，关键是父母要扮演好领航者，鼓励孩子坚持到底。

小贴士

1. 保护孩子的好奇心

在面对生活中的种种现象，孩子往往会提出各种各样的问题，有些甚至听起来十分荒谬，其实，这就是孩子的好奇心使然，父母要保护孩子的好奇心，鼓励孩子多质疑多提问。当孩子不断地问"为什么"时，父母不要马上把答案就告诉他，而是留给孩子一定的思考时间，让孩子说出自己的想法，激发孩子的探索精神，培养孩子的创新意识。

2. 激发孩子创新意识

有父母问孩子，雪融化了变成了什么？孩子眨着灵动的大眼睛回答，变成了春天。这个孩子的回答就是充满了智慧，虽然，这是不符合常规的，但他的回答却是具有创新意识的。有时候，父母对于孩子的答案，不能以自己的思维方式或唯一的标准答案捆住孩子，要鼓励孩子打破常规思维定势的羁绊，在判断孩子答案对错的时候，要把是否具备创新意识放在第一位。只有这样不断地激发孩子的创新意识，才会让孩子的头脑中闪现出创造的火花。

3. 在日常生活中培养孩子的创新意识

创新思维的特点是灵活、变通，平时的日常生活中，父母需要有意识地培养孩子这方面的创新意识。父母可以和孩子一起做家务，对一些简单的事情，可以问孩子"是否还有更好的方法"，鼓励孩子异想天开，培养孩子勇于探索敢于创造的创新精神。当孩子在做一件简单的事情时，父母可以鼓励孩子多想几种方法，举一反三，然后得出最简单的方法，这样可以培养孩子思维的变通性和灵活性。

即便是在和孩子玩游戏的时候，父母也可以有意识地锻炼孩子的创新能力，让孩子敢于打破常规思维，进行一些创造性的活动。比如，父母与孩子一起做折纸船游戏，提醒孩子"怎么样让纸船在水里行得更远并且不会沉下去"，然后引导孩子变换纸船的折叠方法，更换纸张等多种问题，慢慢探索出可行性的方法。时间长了，孩子就会自觉地问"怎么去做会更好"，也会在发现问题、解决问题的时候，逐渐多了一些创新精神。

孩子常常说脏话，喜欢骂人

孩子为什么会喜欢说脏话呢？

心理学家认为，幼儿期是语言、动作快速发展的时期，而孩子的语言和动作主要是通过模仿获得的。孩子知识经验少，分辨是非、好坏的能力较差。当听到别人说脏话，看到电视里的反面人物的奇怪模样时，他们并不理解那些脏话的意思，只是觉得新鲜、好玩，所以便会模仿起来。同时，父母是孩子最亲近的人，他们是孩子语言学习的第一位老师。假如父母不注意自己的言行举止，常常说脏话、喜欢骂人，那孩子肯定会受影响。

有的父母比较忙，没有时间和孩子一起游戏、聊天或给孩子讲故事，只是埋头做自己的事情。孩子觉得受到冷落，于是就会冲着父母做个"鬼脸"或说句脏话，目的就是引起别人的注意。这时父母如果放下手里的活，来处理孩子的行为问题，那孩子就会感到很满足。

有些则是由于父母过于敏感的态度，当孩子无意地说一句脏话或模仿一些角色的怪样时，假如父母大惊小怪，或觉得逗趣，哈哈大笑，然后在笑声中严厉制止。这会引起孩子的"有意注意"，出于探索，他们便会再次重复。假如父母生气，或付之无可奈何的一笑，便会给孩子莫大的鼓励，无意中强化了孩子讲脏话或做怪样的行为。

甜甜原来是一个很乖巧可爱的孩子，说话软萌软萌的，特别招人喜欢。不过，到了四五岁，突然开始喜欢说脏话了，偶尔妈妈做事糊涂了，她就说："妈妈，你是笨蛋吗？"平时自己玩玩具，也会自言自语地说："蠢猪""去死吧"。妈妈感到很疑惑，这孩子在哪里学的呢？

有一次，甜甜跟弟弟一块儿玩积木，甜甜手脚麻利，三两下就搭了一座房子，结果弟弟什么也没搭成。甜甜指着弟弟，骂道："你是笨猪吗？这么简单都不会，我三岁就会了。"听到"笨猪"两个字，弟弟哭了，一边哭一边说："我不是笨猪。"在一旁纵观整个过程的妈妈惊呆了，孩子这些语言到底从哪里来呢？

儿童语言教育中出现的教育偏差与失误，这是不和谐的因素,该如何解决,这让父母苦恼不已。孩子是在犯错误中长大的,这无疑是一句至理名言。不过关键问题在于,当面对孩子的错误或问题时,父母应该怎么办?毫无疑问,解决任何问题都需要弄清原因才好对症下药。面对孩子讲脏话,父母应该怎么办呢?

小贴士

1. 没有反应才是最好的反应

孩子第一次说脏话时,父母一定要控制自己想要大笑的冲动,否则孩子势必会把这当作正面的鼓励而不断重复。几乎在不断重复所有的情况下,孩子都是在试探:这是我听过的话,那人说时看起来比较激动,如果我说出来,父母会是什么样的反应呢?让父母发笑、生气或不安是孩子想拥有的一种强大力量。所以,听到孩子第一次说脏话,父母不要表现出来任何反应,没有反应才是最好的反应。

2. 用好玩的话代替脏话

假如孩子只是试试新词语,那父母可以说服他用另外一个令人激动的说法来代替。假如他是由于和许多成年人一样,没有合适的替代词来表达强烈的愤怒或沮丧才说脏话的,鼓励孩子大声说"我生气了""我很烦"也许会有帮助。不过,假如孩子被警告了一两次之后还要说脏话,那就该好好管教了，父母要保持冷静，警告孩子："你说了那个词，必须受到惩罚。"

3. 教孩子学会尊重

假如父母让孩子觉得给其他小朋友起孩子式的外号没有关系，那你就完全错了。脏话会让孩子在幼儿园、游乐园和朋友家里陷入麻烦，所以父母需要向孩子解释骂人会让人伤心，即便其他孩子都这么说，这样做也是不对的。骂人和让人伤心都是不可以的，尽管孩子可能还在学习体会别人的感情，或许不能每次都记得先考虑别人，但依然需要知道自己什么时候是在伤害别人，即便自己不是故意的。

4. 提醒孩子不要说脏话

假如2岁大的孩子好像总有一两句脏话不离口，那父母就需要说说他了，不过关键是态度要平和，不要过于激动或愤怒。否则，每次父母生气，都等于在提醒孩子自己的本领有多大，能让父母快速注意他们。当孩子说一些不好的词或脏话，父母只要用平静且平淡的口气清楚地告诉他们，这些话是不允许说的："那种话不可以说。"

5. 小小的惩罚

假如孩子是因为想要什么东西而讲脏话，一定不要让孩子得到他想要的东西。即便你指明"说那样的话很不好"，也不能把他想要的东西给他。

6. 父母要注意自身的言行

假如你的孩子每天都听到脏话，就会很难相信那些话是不能说的。他也会很奇怪为什么规则只针对自己而不针对父母。父母把孩子想成是一块海绵，他会吸收自己从周围听到和看到的，并渴望和其他人分享自己所学到的东西，不论那是好的，还是坏的。

孩子的"词汇爆炸期"

从孩子出生开始，父母就为了孩子的衣食住行操心，盼着孩子学会走路、学会说话。然而，当孩子到了两三岁，不仅学会了说话，而且变得很会说话，简直就是一活脱脱的话痨。每天叽叽喳喳说个不停，只要身边有人，就一边玩一边习惯性无意识地在那里说个不停。

儿童教育学家蒙台梭利把孩子的两岁称之为"词汇爆炸期"，两岁前的孩子有一个词汇量的激增期，两岁之后运用句子的能力快速增长，并且可以把一些新学的词有序地进行排列。所以，孩子们喜欢说话，而且会冒出很多有意思的句子来。

倩倩正在上幼儿园，每天妈妈都会接到老师的电话："你家孩子太爱说话了，不仅自己上课思想不集中，影响老师上课，还会影响别的孩子听课。"对此，妈妈也感到很无奈，自从孩子3岁之后，就特别爱讲话，每天都说个不停，如果跟她呆上一整天，那耳朵都会"嗡嗡作响"。

比如当妈妈带着倩倩出去逛街的时候，倩倩会紧张地说："妈妈，我们快回去吧，一会儿光头强要把我们小区的树都砍光了。"弄的妈妈哭笑不得。当妈妈叫倩爸的名字时，倩倩又说："妈妈，你不应该叫名字，应该叫老公。"全家人一起爬山时，她就开始碎碎念："以后外婆老了，我要挣很多钱，给她买运动鞋，带她来爬山，还有……"

3岁的孩子因为接触和掌握了大量的词汇，对语言表达有着浓厚的兴趣。孩子会用语言来帮助自己了解这个神奇的世界，然后参与身边发生的事情。比如，问一些奇怪的问题，然后通过父母的帮助和引导去认识和了解更多事物。孩子话痨模式的开始，实际上是孩子学习并积累新词汇的重要途径，而语言则会赋予孩子表达自己内心感受、需要和欲望的能力。有时候，父母嫌弃孩子的碎碎念，其实很多都是孩子不假思索的童真趣言。

小贴士

1. 及时给予孩子回应

尽管孩子话多起来简直令人崩溃，但是父母还是不能忽视他们的感受。可以找找孩子话痨的原因，是真的想说话吗？还是想表达自己内心的情绪？当弄清楚原因之后，需要尊重孩子的感受，并给予他们正面的回应。比如，孩子总喜欢问什么问题，那父母可以尽可能地满足他们的好奇心："这个问题有点困难，我们一起去书里寻找答案吧。"

2. 引导孩子提高语言表达能力

很多时候，孩子只是无意识地叽叽喳喳说话，这时父母不妨引导他们提高自己的语言表达能力。比如，教一些儿歌和绕口令，或者花时间给孩子讲故事。这样可以让孩子学会语言表达的内容，也可以加强孩子对语言作品的欣赏能力。比如讲故事时，适时引导一下："白雪公主在森林里都看见了什么呀？"孩子会兴奋地讲一段自己想象的故事情节，来炫耀自己的语言表达。

3. 停止孩子提问重复的问题

有时孩子会向父母诉说自己的需求，如"妈妈，我想再玩一会儿那个玩具，可以吗？"在得到妈妈的否定回答之后，孩子会一直重复。这时父母不要生气，重复回答也没有意义。不妨直接问孩子："一直问是不是想再玩一会儿，但是宝宝，我们要开始写字了，你一会儿再玩，好吧。"这样让孩子知道一直重复提问是没有意义的，因为父母的回答是很坚定的。

4. 与孩子一起学知识

孩子经常会问"为什么飞机在天上飞""为什么人会说

话"……这些问题比较有难度，让父母难以回答。这时不能随便敷衍回答，父母可以和孩子一起查书籍。假如父母比较忙，那可以告诉孩子"一会儿等爸爸忙完了，咱们一起查阅资料"。如果孩子问一些尴尬的问题，如"为什么爸爸亲妈妈，跟亲我不一样"，对此类问题也不要逃避，可以将价值观与知识相结合，给孩子做好这方面的教育。

5. 让孩子讲话更有规矩

孩子是小话痨，可能不分场合、人物和地点乱说话。那么父母可以及时引导，如果孩子说话啰唆重复，那就经常让孩子讲故事；如果孩子喜欢插嘴，那就要让孩子学会尊重别人的对话；同时，多让孩子理解别人的感受，说话时需要有一个很好的态度。

6. 每天花时间倾听孩子在说什么

无论父母每天多繁忙，都需要留出时间来跟孩子相处，认真倾听孩子在说些什么。关掉手机和电视，和孩子单独相处，看着他们的眼睛，不管他们说的事情有多平常，父母都要表现出浓厚的兴趣。如果父母有耐心倾听那些不那么重要的事，那等孩子进入青春期之后会乐于跟父母分享那些重要的事情。

7. 提升孩子自控力

如果孩子已经上了幼儿园，而且经常在课堂上讲话，那父母需要积极引导，培养孩子的自控能力。比如问一下孩子，当他在上课时想跟同学讲话的时候，能做什么让自己抑制住讲话的冲动那就做什么。

8. 别生气，多想想孩子的优点

孩子的喋喋不休或许会让工作一天的父母感到疲惫，但是父母别发脾气，多想想孩子的优点。花时间倾听孩子的唠叨，毕竟这是孩子语言发展的关键时期，如果父母总是嫌弃孩子话多、黏人，那父母是否应该反思一下自己缺乏耐心呢？

孩子总喜欢提各种问题

有的孩子喜欢思考，总喜欢向老师提各种问题；有的孩子心里即便知道老师说错了，也不会与老师争辩，更不会向老师提出来。前者是思考型孩子，后者是情感型孩子。思考型孩子崇尚逻辑、公平、公正，喜欢客观地分析问题，自然地发现缺点，有吹毛求疵的倾向。有时甚至被认为对事情是无情、麻木、漠不关心的，他们认为只有合乎逻辑的事情才是正确的。

不同倾向的孩子所表现出的行为方式是大不一样的，思考型的孩子按照原则办事，比如下面案例中的孩子就比较明显，他拿了苹果就吃，是因为他觉得这个苹果是给他吃的，所以就自己吃，没有想到给奶奶和妈妈吃。

父母会觉得家里的孩子有些不太对劲，总会想很多事情。比如给他一个苹果，他就是拿了苹果就开始吃，而家里的妹妹总是拿了苹果要先看看奶奶，让奶奶咬一口，然后看看妈妈，让妈妈也咬一口，然后才开始自己吃。父母就觉得这样的孩子很自私，为什么不能分享自己的苹果呢？从小就这样，长大了说不定更自私呢。

而且，正在读三年级的他总是喜欢给老师提问题。本来提问题是一件好事，但孩子在提问时就好像是找老师的茬，让老师感觉很不舒服，爸爸批评他时他也总是要与父母争吵并反抗。父母真不知道孩子是怎么了，小小年纪就有许多奇怪的思想。

同时，在语言表达上，思考型孩子常常会说"为什么这样做？""为什么让我做？"语言是带有挑衅的。所以他们的提问看起来像是在找茬，不过，喜欢思考是他们的天生优势，父母需要做的就是去观察和发现孩子的优势，不断地强化和运用孩子的优势，适时地弥补弱势的不足，而不是批评、指责，更不能去泯灭孩子的天性。

心理学家认为，3～6岁的孩子已经拥有了一定的生活常识与知识经验，他们不再单纯地依赖于成人的思考，而是表现出自主思维的意愿，他们常常会说："让我自己想想看。"同时，他们喜欢分享自己思维的成果，希望获得别人的认可，从而体验成果的需要。

思考是孩子认识世界的根本途径之一，父母在平时生活中要注意培养孩子善于发现问题的能力，鼓励孩子提出问题，对那些不喜欢提问的孩子，应注意丰富他们的知识世界，引导他们观察事物，还可以提出一些问题去问他们，启发他们去思考。

对稍微大一些的孩子，父母应引导他们对自己看到、听到、感受到的事物，进行分析、比较，找出事物的异同，并按照事物的一些共同的本质，去进行初步的概括、分类。比如，在一些实物中，找出哪些东西是玩具、哪些东西是家具、哪些东西是用具等。

那么，对于喜欢思考的孩子，父母该如何引导呢？

小贴士

1. 培养孩子喜欢思考的兴趣

兴趣是最好的老师，假如孩子对某件事情有着浓厚的兴趣，就会集中思想和注意力，想法设法克服种种困难来达到自己的目的。即便孩子喜欢思考，但父母若不加以引导，孩子有一天也会对思考失去兴趣。父母是孩子的启蒙老师，对孩子的影响是比较大的。所以，父母要以自己的情绪和行为去感染和影响孩子，用自己对周围事物的态度和情趣去影响孩子，同时，父母应经常给孩子提一些问题，激发孩子求知的欲望，引导孩子积极思考，积极解决问题。

2. 循序渐进

假如孩子不喜欢思考，那父母对这样的孩子不可提出太高的要求，而是按照自己孩子的实际，从最直接、最容易思考的问题入手，比如让孩子比较两个东西的异同，然后慢慢增加难度，让孩子通过自己的思考解决问题。

3. 引导孩子在生活中积极思考

3~6岁的孩子，对抽象的理论不容易理解。所以，对这样的孩子，父母仅仅是说教是不行的，父母要创造思考的环境，开展一些健康、有益的活动，在活动中启发孩子积极思考，如搞一些家庭数学游戏、家庭猜谜活动、家庭智力游戏等，将数学、智力题融入活动之中。

4. 让孩子享受成功的喜悦

尽管孩子只赢得细小的进步，父母也不要忽略，需要及时地给予肯定，热情地鼓励。父母在平时生活中需要有意识地创造有利于孩子思考的环境，让家里充满求知的气氛，通过积极地亲子互动，自然而然地促进孩子喜欢思考，养成喜欢思考的好习惯。

5. 保留思维空白

父母要解放孩子的头脑，让他们自己思考，恰当地保留思维空白。只要是孩子能够自己思考的，父母就要做到"欲言又止",讲究"空白"艺术,就可以达到"此时无声胜有声"的效果。让孩子自主思索,对知识理解得更深更透,更能培养孩子良好的思维品质。

6. 以丰富的感性经验和情感体验作铺垫

父母要以孩子丰富的感性经验和情感体验作铺垫,激活他们的自主思维。孩子的具体形象思维占据优势,头脑中有了丰富的鲜活表象,他们就可以进行知识的迁移,运用已有的知识进行积极有效的思考。

孩子为什么喜欢说谎

蒙台梭利认为,孩子说谎的最主要原因是心理畸变。他通过对孩子生活习性的观察发现,在一个陌生的环境中,如果孩子不能自由地实现自己原有的发展计划,就有可能导致心理畸变的发生,孩子自然就学会了说谎。

孩子喜欢说谎,这是一种普遍存在的心理现象,甚至有心理学家认为,孩子先天具有欺骗和说谎的能力,任何年龄阶段的人,甚至包括刚刚出生的婴儿,也拥有一些天生的了解别人心理的能力。

既然孩子说谎是心理发展过程中的正常现象,父母就应该因势利导，在不扼杀孩子想象力的前提下，鼓励孩子说实话，这对于孩子心理的发展是非常重要的。而且，并不是所有的谎言都应该批评和反对。

很多时候，孩子的谎言几乎都是善意的，并不会给别人带来伤害，那父母应该做的就是保护孩子的谎言不会伤害自己和他人。

李妈妈的女儿今年7岁了，她把全部心思都放在女儿身上，关心孩子的生活、成长和学习，关心孩子的喜怒哀乐。不过她实在没有想到，孩子竟然开始对自己说谎了。

女儿不想去上学，希望呆在家里，有姥姥陪着，觉得这比在学校里和同学们呆在一起舒服多了。有一天晚上，爸爸的肚子疼，姥姥和妈妈都劝爸爸第二天别去上班了，好好在家里歇着。这样一来，女儿就觉得生病好，可以不去学校。于是她就开始撒谎了，今天跟李妈妈说这里不舒服，过两天又跟李妈妈说那里不舒服。刚开始李妈妈还真担心孩子是哪里不舒服，就让女儿待在家里。但慢慢李妈妈发现，女儿是在装病，目就是为了不去学校。

由于一些父母经常以打、骂等惩罚手段来对待孩子的错误，这时孩子说谎是因为父母不让他们说真话。孩子的感情体验不管是积极的、消极的，还是矛盾的，都不应该鼓励他们按照父母的意愿来说，而应该按照孩子自己的体验去说。

有时候父母所谓的权宜之计往往会成为孩子说谎的样板。比如，有人敲门找爸爸，爸爸不愿见，就叫孩子告诉找他的人说："爸爸不在家。"或者，孩子由于判断不准，把心里想的当作事实说出来，说出自己对现实中不存在的东西的一种想象，如"我爸爸有一把手枪"，这种谎言说出了孩子希望的事实和渴望的场景。

小贴士

1. 减少孩子的心理压力

父母对孩子过高的期望，会给孩子增加压力，从而导致孩子说谎。所以父母对孩子的期望值要合理，不要奢望他们做出超出自身能力的事情。父母要以宽容之心对待孩子，经常与孩子交流，消除孩子的心理障碍，成为孩子的知心朋友。

2. 正确对待孩子的谎言

在面对喜欢幻想的孩子时，父母所扮演的角色是很重要的，父母不应该阻止孩子发挥想象力，而应该帮助孩子分辨什么是现实、什么是幻想。而孩子的想象转化成谎言，有时仅是一步之遥，这就需要父母的正确引导。孩子拥有想象力是天性，天性需要培养。假如父母对孩子的想象力一味地赞许，就有可能让孩子的想象转化为谎言。假如父母一味地反对孩子的想象力，又会抑制孩子的智力发育。因此，父母需要适时调整教育方法，循循善诱地纠正孩子不好的习惯。

3. 了解孩子说谎的动机

假如孩子到了能够分辨是非的年龄依然在说谎，那父母应该找出原因。有的孩子是为了免受处罚而撒谎，他们往往会觉得自己说了真话反而会被惩罚；有的孩子则是出于无奈，在父母的影响之下选择撒谎；有的孩子为了讨父母欢心，为了不让父母生气，他们最本能的反应就是不承认自己所做的错事。

4. 树立良好的榜样

对喜欢说谎的孩子，威胁或强迫他承认自己的谎言都不是正确的办法，父母最好可以用一定的时间，冷静、严肃地与孩子谈谈。孩子承认错误之后，父母一定要称赞孩子诚实的表现，要这样说"我虽然不满意你做错了事情，但幸好你说出了真相，我实在很欣赏你的诚实"。父母是孩子的启蒙老师，其言行将影响着孩子的成长。因此，父母不要在孩子面前撒谎，即便是善意的谎言，也要尽量少说。父母要做到不论对人对事都真心诚意，这样孩子才能坦诚待人。

第4章

用好社交用语，孩子迈出社交第一步

生活中，没有哪个孩子是天生的社交家。孩子们从羞涩到开朗的过程很漫长，这需要来自父母的鼓励和支持，有了这股力量，孩子才能逐渐学会熟练地与人打招呼，落落大方地介绍自己，才能勇敢地迈出社交的第一步。

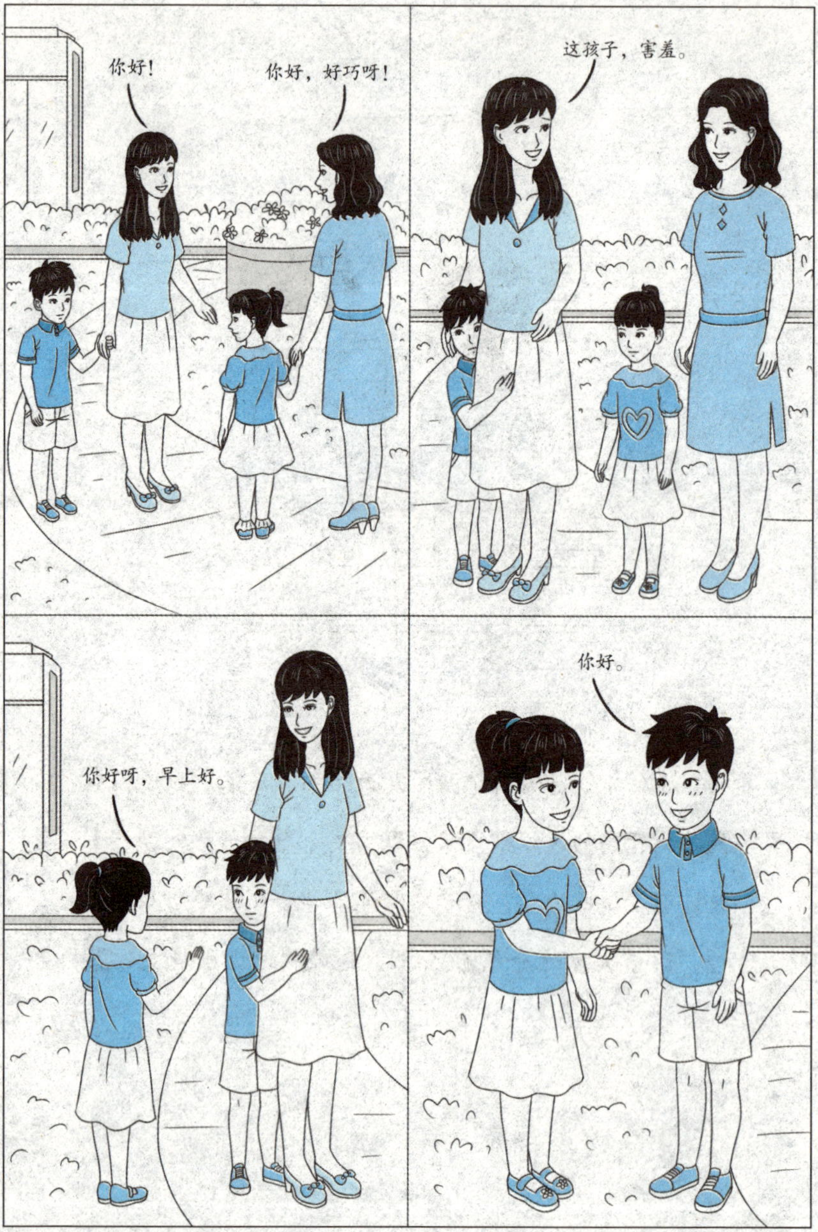
你好！
你好，好巧呀！
这孩子，害羞。
你好呀，早上好。
你好。

学会打招呼，意味着孩子踏入社交之门

中国是礼仪之邦，见面互相问好是社会基础的社交礼仪，是孩子需要掌握的一项必备社交技能。见面问好，特别是见了长辈要问好，这可谓是世界性的礼貌，可以说打招呼是孩子建立社交的第一步。

随着孩子年龄慢慢增长，他不能只生活在自己的小世界里，除了父母，孩子还需要和别人建立社交，而打招呼就是他们可以建立友谊、维系友情的一把钥匙。父母千万不要小看打招呼这件小事情，孩子每天早上都会跟朋友说"早上好"，放学后、离别时，跟朋友说"再见"很简单，如果孩子总是不断地用友善的态度跟身边的人打招呼，就会收获意想不到的回报，那是友情的馈赠。

小东春节跟着父母回老家，一起吃饭时遇到了平时不怎么见面的亲戚，出于礼貌，父母让小东跟亲戚打招呼，说声新年好。

但是小东却怎么都不肯打招呼，怯懦地躲在父母身后。使父母有些尴尬，父亲十分生气地说："怎么越大越没礼貌？太不懂事了，这大过年的，赶紧给亲戚拜个年。"结果父母越批

评，儿子越不打招呼。一时间原本温馨的家庭氛围，变得非常尴尬。

向长辈打招呼，是非常重要的礼节。父母想让孩子变得有礼貌，这样的初衷是好的。但父母若是用逼迫的方式培养孩子的礼仪，让孩子学会见人打招呼，可能就会事与愿违，特别是对于叛逆期的孩子，越是逼迫越是叛逆。

如果孩子长期养成不爱打招呼的习惯，父母会直接给孩子贴上一个"不懂事"的标签，这不仅会影响孩子的自我认知判断和他们的性格成长，还会让孩子缺乏力量与自信去自我成长、自我构建。

小贴士

1. 打招呼可以为孩子创造更多的机会

尽管在日常社交中，打招呼只是一件小事，却传递着"我关心你"这样的信息，表达着一种和善的信息。当孩子表达出这样善意的问候时，那就有可能因此展开话题，赢得感情深厚的挚友。

2. 打招呼是人与人之间交流的信号

通常当孩子跟小伙伴打完招呼之后，正常接下来就会有一段交谈，所以打招呼也是一种"接下来我要跟你进行交流了"的信号。被打招呼的一方，收到这个信号以后，也能够及时做好倾听的心理准备。

3. 孩子通过打招呼可以提升友情

日常社交中，我们对陌生人不仅需要打招呼，就算是熟悉的朋友也要经常打招呼。这样一来，孩子们可以通过面对面地打招呼，从对方回应里感受到对方的情绪和状态。同时不管是打招呼的人，还是被打招呼的人，都会让我们产生一种"我不是孤单一个人"的感受，心情自然会不知不觉好起来。

教会孩子正确与人打招呼

孩子主动与人打招呼是口才培养的重要一步，打招呼就是要让孩子克服在陌生环境中的胆怯心理，让孩子不管在哪里，都可以轻松地表达自己的想法，落落大方地与他人交流。不过孩子有时好像故意和父母作对一样，尤其是在陌生人面前，越是让孩子讲话，他越是把嘴巴闭得紧紧的，让孩子打个招呼简直是比登天还难。

通常情况下，孩子在陌生人面前不喜欢说话、不想和别人打招呼，有可能是由于内向胆怯的性格，也有可能是因为有叛逆心理。遇到这样的情况，父母不要在他人面前训斥、打骂孩子，这样只会让孩子对"打招呼"这件事更反感。

妈妈非常好客，常常邀请磊磊的小伙伴来家里玩。每次小伙伴一进门，妈妈就教磊磊如何招待好朋友，比如要打招呼"欢迎来我家玩"，然后等小伙伴进门后要说"请坐"，同时把自己好吃的、好玩的拿出来和小伙伴分享。等到小伙伴走的时候，教磊磊把他们送到门口，并说："再见，有空再来玩。"

这样经过几次锻炼之后，等到小伙伴再登门造访时，磊磊已经有了几分小主人的味道了，即便没有妈妈在一旁指导，他也可以轻松自如地应付了。由于和小伙伴的关系非常要好，每次在小区里见到小伙伴，磊磊都会主动叫他们的名字，和他们打招呼，邀请他们来自己家里玩。

如果面对孩子不喜欢与人打招呼的问题，父母也不要逼迫孩子，而需要思考一下到底出了什么问题。通常情况下，孩子不愿意与人打招呼，不外乎有以下三点原因。

有的孩子比较羞涩，尽管在父母看来，跟人打招呼是一件太正常不过的事情，但孩子遇到不熟悉的人，可能会因为脸皮太薄，不好意思主动跟人打招呼。面对这样的情况，父母可以先带头打招呼，这样既可以提醒孩子讲礼貌，而且还可以告诉孩子怎样正确地称呼对方。

有的孩子觉得打招呼比较麻烦，如果遇到太熟悉的人，他们想着反正会经常见面，就不会每次都打招呼；遇到不熟悉的人，反正也见不了几次面，那就无所谓打不打招呼了。如果孩子是这样的情况，父母要多带孩子参与家庭范围内的集体活动，并告诉孩子会遇到哪些亲戚，假如他可以和这些人见面问好的话，就会觉得这个聚会很有趣。这样可以让孩子有个心理准备，说不定他到场之后会表现得比较好。

当然，孩子也会担心自己打招呼了，对方却没有回应。当孩子说"你好""早上好"，却没有得到对方的回应时，渐渐地，他就会觉得打招呼很没有意思，容易感到"很麻烦"。如果是这样的情况，那父母可以成为孩子的练习对象，尤其是孩子向自己打招呼时，父母要及时回应，当孩子不太愿意主动打招呼时，父母要主动跟孩子打招呼，并要求得到他的回应。比如，让孩子每天放学回家时打招呼"我回来啦"，父母及时回应。对于年纪较小的孩子，父母可以给他们看一些孩子主动打招呼的习惯养成绘本。

在日常生活中，父母要有意识地教孩子正确与人打招呼。

小贴士

1. 让孩子学会主动打招呼

通常来说，"早上好"是孩子开启一天生活的第一句社交用语，而先开口的人会显得更有亲和力。所以，父母鼓励孩子主动打招呼，哪怕只是一句"早"也没关系。只要孩子有勇气说出第一句，胆子就会越来越大，时间长了就能轻松自如地打招呼了。

2. 称呼对方的名字

在打招呼的前后句加上对方名字，这是为了明确是在跟谁说话。在打招呼时加上对方的名字，对方会因为你称呼了对方的名字而有种被重视的感觉，也会觉得用这种方式跟对方打招呼很亲切。

3. 可以多说两句话

如果孩子遇到自己的同学或朋友，打完招呼之后还需要共处一段时间，可以让孩子在打招呼之后多说两句话，比如说说自己的计划或者问问对方的计划等等。比如"早上好啊！今天我准备去郊游，你要一起去吗？"假如对方能接上这句话，那么一天的话题也就随之展开，也会赢得不少友谊。

4. 面带微笑打招呼

教孩子在打招呼的时候，一定要看着对方的眼睛，这是最起码的尊重，同时面带微笑，用对方能够听到的声音打招呼。而且，需要熟练掌握打招呼的技巧，每次打招呼要一气呵成地完成，需要反复多练习几遍，这样才显得自然而又亲切。

5. 让孩子多练习打招呼

孩子不喜欢打招呼并不就意味着他们性格内向，很有可能是他们不知道如何打招呼，只要父母与孩子多沟通，多做练习，孩子就能从互相打招呼这件事体会到善意和快乐，体会到沟通的乐趣，他们便不会害怕打招呼。

做好自我介绍，让别人快速记住你

教孩子学会自我介绍，学会描述一些自己的信息是十分重要的。比如孩子迷路时，他可以通过这些信息来向外界求助，让别人知道他的个人信息，从而帮助他回家。对年龄比较小的孩子，可以设计一些简单的问题，让孩子记住他们，比如"你叫什么名字""今年几岁啦"，一开始的时候，以父母说为主。替孩子回答的时候，语速慢一些，吐字尽可能清晰，这有助于孩子记住这些信息。慢慢等孩子熟悉这些内容之后，就可以在提问后停顿数秒，诱发孩子自己来回答。

对年龄较大一点的孩子，可以让孩子们再记一些较为复杂的内容，比如地址、电话号码。不过像这类比较复杂的信息对孩子来说比较难记住，所以需要重复多次，而且可以分段提醒"你住在哪个小区啊""几幢楼啊"，然后再教孩子把这些问题的答案串联起来，组成完整的一段话，还可以加入一些主观性较强的问题，如"我最喜欢的人是爸爸妈妈，我最喜欢看的动画片是《千与千寻》，我最喜欢的故事是《灰姑娘》，我平时喜欢看漫画、运动"。

对孩子来说，为什么要学会介绍自己？因为不管孩子上学，还是走出家门，要想多认识朋友，首先就让人知道他是谁。孩子在成长过程中随着社交范围中慢慢扩大，接触的人越来越多，见面时需要积极主动地自我介绍，可以增进彼此了解，认识更多的朋友。而且，一个好的自我介绍，能给人一种讲礼仪、懂礼貌的形象，无形之中会受到人们的喜欢，增进交往能力，孩子就可以轻松地受到欢迎。

比如，这是一位小朋友的自我介绍：我的名字叫杨威，今年9岁了。我的外表很普通，但是有一张会说话的嘴巴，总是让妈妈和爸爸感到我十分啰唆。我长得胖胖的好像一个小苹果。

其实，父母可以引导孩子在情景模拟游戏中学习自我介绍。孩子最喜欢的学习方式就是玩着学，寓教于乐既符合孩子的天性，又能收到更好的效果。情景模拟游戏，可以让孩子提前打好"预防针"，消除孩子在陌生人面前说话的恐惧，还可以有效地锻炼孩子的语言能力和应对能力，让孩子更加自信。比如，妈妈可以扮演其他小朋友，先主动向孩子问好："你好！"然后让孩子跟着回应："你好！"然后妈妈开始示范自我介绍"我叫小虎，今年6岁，我喜欢唱歌，也喜欢跳舞"。然后妈妈鼓励孩子自己来一段简单的自我介绍。孩子有着妈妈的示范，大概了解自己有什么内容可以说，这样孩子也就不会不知所措。

当然，在教孩子作自我介绍之前，需要消除孩子恐惧的情绪。有些害羞的孩子面对陌生人会不太敢说话，有些孩子平时很开朗，一上台面对很多人就容易紧张结巴。其实，让孩子学会消除恐惧、放轻松，比真正的自我介绍更重要。父母在孩子还小时应该多带他出去走走，接触更多的人和事。当孩子感到紧张的时候，让孩子深呼吸或者心里唱首欢快的歌曲，心情就会变得轻松起来。

小贴士

1. 让孩子有自信

在平时生活中，有的孩子害怕见陌生人，见到陌生人，好像大脑停止了思考，手脚也僵硬了。本来牙尖嘴利的说话结结巴巴，本来就笨嘴笨舌的，嘴巴更像是贴了封条。这样的情况下自然不能介绍好自己。而要克服这种胆怯心理，关键是要有自信。有了自信心，才能介绍好自己，给别人留下好的印象。

2. 真诚自然地自我介绍

其实，自我介绍就是自我推销。销售产品时需要在货真价实的基础上做宣传，那推销自己时也不能夸大事实自我炫耀。所以，孩子在进行自我介绍时，最好不要用很、最、极等极端的词汇，给人留下狂妄的印象；相反，需要真诚自然地自我介绍，往往可以让自己的特色更加突出，从而引起人们的注意。

3. 让孩子学会了解别人

自我介绍的目的就是给对方留下一个好印象，所以父母要让孩子学会了解对方，并站在对方的立场上说话，这样的自我介绍才不会使对方心中留下疑团，也才能使对方继续听你讲话。

4. 让孩子懂得随机应变

父母要让孩子明白，在介绍自己时，一定要重视那个或那群与自己沟通的人，懂得随机应变。假如孩子面对的是年长、严肃的人，那最好规规矩矩地讲话；假如与自己讲话的人随和且具有幽默感，不如比较轻松地展示自己的特点，进行有特色的自我介绍。

对他人保持热情并礼貌地打招呼

在每天的人际交往中，我们都在频繁地与人打招呼，招呼表示一种问候，一种礼貌，一种热情。其实，孩子们千万不要忽视了一个招呼的作用，一个小小的招呼就是人际交往中的润滑剂。对同学的一个招呼，可以有效地化解彼此之间的敌意；对朋友的一个招呼，可以唤起双方之间深厚的友谊；对陌生人的一个招呼，可以减少彼此之间的陌生感。总而言之，一个招呼可以使人与人之间的关系更和谐、融洽。特别是在与陌生人的交往中，恰到好处的一个招呼是必不可少的。

《塔木德》中说："请保持你的礼貌和热情，不管对上帝，对你的朋友，还是对你的敌人。"如果你能够奉行这一原则，就会在复杂的人际交往中获益匪浅。有时候，仅仅是一个看似不经意的招呼，就会加深你在陌生人心中的印象，会增加陌生人对你的好感，你们之间的关系常常在不经意间变得更加密切，这对你赢得陌生人的友谊也有很大的帮助。

1930年，西蒙·史佩拉传教士每日习惯于在乡村的田野之中漫步很长时间。无论是谁，只要经过他的身边，他都会热情地向他们打招呼问好。在他每天打招呼的对象中有一个叫米勒的农夫。米勒的田庄在小镇的边缘，史佩拉每天经过时都看到米勒在田间辛勤地劳作。这位传教士就会向他打个招呼："早安，米勒先生。"

当史佩拉第一次向米勒道早安时，米勒根本没有理睬，只是转过身子，看起来就像一块又臭又硬的石头。在这个小镇里，犹太人与当地居民相处得并不好，更不可能把这种关系提升到朋友的程度。不过，这并没有妨碍或打消史佩拉传教士的勇气和决心。一天又一天地过去，他总是以温暖的笑容和热情的声音向米勒打招呼。终于有一天，农夫米勒向教士举举帽子示意，脸上也第一次露出一丝笑容了。这样的习惯持续了好多年，每天早上，史佩拉会高声地说："早安，米勒先生。"那位农夫也会举举帽子，高声地回道："早安，西蒙先生。"

礼貌和热情都是人际交往的润滑剂。正是那句真诚的问候感动了米勒先生，史佩拉又结识了一个朋友。因此，孩子在面对周围的陌生人时，尽可能地展现礼貌和热情，主动打个招呼吧。

对于我们每个人来说，向一个陌生人打声招呼并不是一件困难的事情。这只是需要我们在见面时互相问候一声"早上好""中午好""晚上好"，即便只是一个微笑、点头，那也是一个招呼。

小贴士

1. 消除彼此的陌生感

也许，在初次见面，第一次打招呼的时候，双方都会觉得有点不自然，彼此是陌生的，也不会有多少感触。但是，当你们第二次在大街上碰到，你不经意喊出对方的名字，跟对方打个招呼，对方就会觉得有说不出来的亲切感。并且这种亲切感随着你们一天一天地打招呼、彼此寒暄会变得更加强烈，到最后你们再见面时，已经完全没有了疏离感，彼此已经不再陌生，甚至有可能会成为好朋友。其实，人与人之间的关系就是这样建立起来的，仅仅是一个招呼的作用，它就足以让双方不再陌生。

2. 拉近双方之间的距离

在我们日常生活中，学生和老师打招呼，看似很少见的举动，可它正悄悄地拉近彼此之间的距离。这时候，老师不再高高在上，而像是一位朋友。当学生与老师因为一声招呼、一句问候而成为了朋友，他们之间就是一种平等的关系，当学习出现了问题，双方就可以互相讨论如何来解决。因此，学生要想处理好与老师之间的关系，那就是从打招呼做起。

3. 化解对方冰冷的心

有时候，我们并没有用过多的礼节挖空心思去与对方寒暄，只是打声招呼，就足以唤起对方心中的温暖。没有一个人能够拒绝温暖的微笑和热情的声音，这些不仅仅能够博得对方的好感，也会化解对方冰冷的心。

为小伙伴取个别样的称呼

称呼，是人与人在交往中一方对另一方的称谓。虽然在平日的生活中，我们并没有过多地重视称呼的变化，但实际上，善于称呼才能为你赢得好感。在我们的日常交际中，称呼是一种很友善的问候,也是人与人之间交往的开始。中国自古就是一个文明的国家,逐渐形成了一种文明规范的礼貌称呼,当然,也有在朋友之间的昵称或者绰号。因而,在某些时候,怎么称呼别人,成为了一件很讲究的事情。如果你能够称呼恰当,会让对方感到很亲切,也能够帮助你在人际交往中如鱼得水,事半功倍,给对方留下一个良好的印象。

相反,如果称呼不恰当,往往会惹得对方不快,甚至产生恼怒情绪,这样也会使双方的交流陷入尴尬的境地,导致交流失败。如何称呼他人,是一门不简单的学问。

"肥仔,我们班明天上午第一节课是语文课吗?麻烦你帮我看看,谢谢你了!"

"小冬瓜,明天我要参加演讲,麻烦你来听一下,多提宝贵意见噢。"

"阿坤,这道题好像有些有点困难,我想和你讨论一下。"

"萍大小姐,今天下午放学,我们一起回家吧,行吗?"

彤彤最开始不习惯使用这些昵称,但后来却喜欢上了它们,她说:"刚开始时还觉得不习惯,可后来才发现这样的称呼挺有意思的,比以前的直呼其名亲切多了,我们在这样一种轻松的氛围中愉快地学习,连学习效率也提高了不少。"

俗话说:一滴水里见太阳。当你置身于校园,从直呼其名到别样称呼,看似不经意地改变,却让置身于其中的人感到无比的亲切，提高了学习效率，增强了集体荣誉感，也和谐了同学之间的关系。

对于绝大多数人来说，他们都会在正式的拜访场合或者日常的交际场所舍弃直呼其名而选取别样的称呼。有人会感到不解，什么是别样的称呼？顾名思义，也就是不一样的称呼。但是，这样的称呼首先必须是恰当的，还必须以亲切感为原则。除了我们日常生活中稍微正式一点的"某某先生""某某小姐"，别样称呼不仅仅体现了尊重的意味，还有别于"先生""小姐"带来的生疏感，以一种别样的亲昵缩短双方之间的距离。所以，学会取曲舍直吧，舍弃直呼其名的称呼方式，选取别样的称呼，这样会让你在复杂的人际交往中应对自如。

小贴士

1. 直呼其名会拉开彼此的距离

有的人习惯以"请问是某某吗"或者客气地说"某某，您好"，这样直呼其名，一下子就拉开了彼此之间的距离，而且直呼其名也显得很不尊重。那么这时候，我们就需要以别样称呼来代替直呼其名，舍直取曲，以别样称呼来称呼他人，会带来意想不到的效果。

2. 别样称呼更适用于熟悉的同学或朋友

一直以来，西方主要以直呼其名为称呼的方式，但对于一直主张文明礼仪的中国,这样的称呼方式并不恰当。也许,有的人觉得只要不是自己的父母长辈,只需要以直呼其名来称呼他人了,这样也给自己省去了不少麻烦。殊不知,即便是不怎么熟悉的同学,如果你以直呼其名的方式来招呼他人,也会让对方感觉到不受尊重。

3.称呼会增加亲切感

以中国人传统的礼仪来看,许多人觉得"长幼有序",而彼此熟悉的同学之间就可以"直呼其名",虽然这样的称呼也是无可厚非的,但却少了一份亲昵。所以,要想在人际交往中建立融洽的人际关系,那就要学会舍弃"直呼其名",选取别样的称呼,这样无形之中拉近了彼此之间的距离,增加了亲切感,也更利于人际关系的拓展。

第5章

先学会闭嘴，倾听比诉说更重要

有人说："上帝给我们两个耳朵，却只给我们一个嘴巴，意思是要我们多听少说。"杰出的人往往善于倾听他人的意见，就好像教育家所说："态度、信仰、感情以及直觉——都或多或少地投入到听的活动中去，从而集思广益。"可以说，倾听他人的心声是孩子必备的美德。

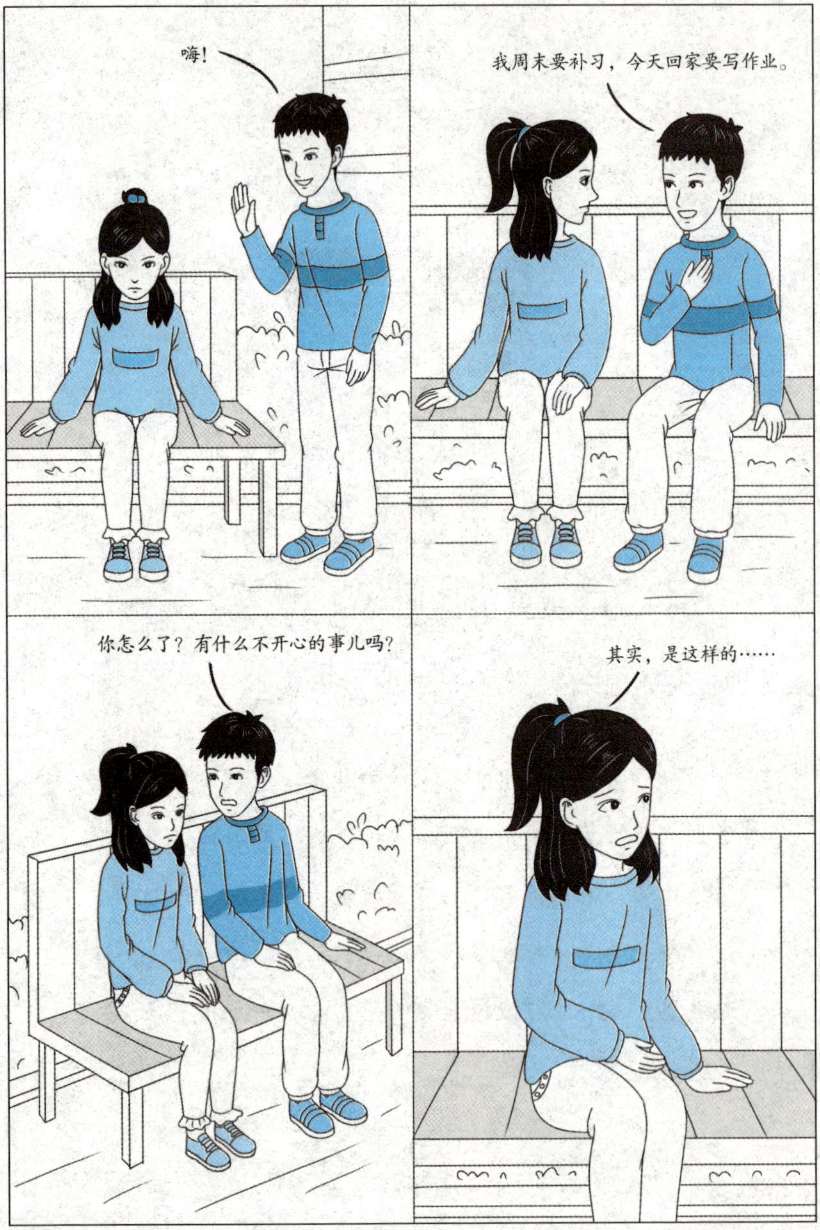
嗨！
我周末要补习，今天回家要写作业。
你怎么了？有什么不开心的事儿吗？
其实，是这样的……

先沉下心写，再学会说话

对孩子来说，既要学会写，又要学会说，不过在好好说话之前，不如先沉下心练习写作。有人说日记是人生的轨迹，它描绘着天真烂漫的童年，五彩斑斓的青少年，幸福安康的晚年。如果孩子能养成写日记的好习惯，这对他的一生都是有益的。写作是语文学习的重要内容，而语文又是一门基础课，学好语文是学好其他科目的重要基础。

但是，在实际生活中，许多孩子一听要写作，头就摇得像个拨浪鼓一样，他们常常会抱怨"讨厌写作，害怕写文章"。其实，提高自己的写作水平，这并不是一蹴而就的事情，需要平日一点一滴地积累，坚持不懈地努力才能有所提高。而写日记则是一种最有效的方式，它能够有效地提高学生的写作水平。

有一位母亲从孩子学会造句开始就有意识地培养孩子写日记的习惯。妈妈给孩子买了一个精巧的小笔记本，每天孩子作业写完之后，妈妈都会让孩子写上一两句话。最开始的时候，孩子只会写"我今天很高兴""今天我很难过"，后来，逐渐地多了几句话，而且自从孩子喜欢上了读书，他的日记也越写越精彩了,有时候几乎能写上一整篇。等到老师开始要求写日记了,孩子一点压力都没有,对他来说一篇日记根本是小菜一碟。不过,出现在他日记本里最多的内容就是烧菜、洗碗、扫地之类的,妈妈每次翻开孩子的日记,总是说:"内容太平淡了,就像是流水帐,你要学会把书本里所学的新词汇写到日记中,这样你的日记就出彩多了。"后来,也许是习惯成自然了,写日记对孩子来说不再是一种负担,每天晚上睡觉前,孩子总会在那精巧的笔记本上留下几句话。

在学校,老师会把写日记当做作业布置给学生,即便是在假期的时候,老师也会给学生布置写日记的任务,这时候,没有老师的监督,孩子完成日记的数量和质量就不一定有保障了。这就需要父母的密切配合,使孩子在假期里养成坚持写日记的习惯,并把这样一个好习惯坚持下去。

小贴士

1. 培养孩子写日记的兴趣

父母要想培养孩子写日记的习惯,关键就是培养孩子对此的兴趣。父母不能一味地强迫孩子去写日记,应该采用循循善诱的方式引导他们。父母不需要规定日记的内容,可以让孩子随心所欲地写,另外,父母还需要为孩子提供新颖独特的素材。有的孩子写日记就是"煮饭、烧菜、洗碗",这样千篇一律就没有可写性，父母平时可以多带孩子去公园、动物园逛一逛，孩子看得多了，开阔了视野，也就有了灵感，有了想法，他们才愿意去写。如果天天让孩子呆在家里，他们思维受到了限制，自然也就写不出东西来。

2. 引导孩子写日记，让孩子获得成就感

由于坚持写日记，圆圆的作文水平日益提高，他的作文还常常被老师当作范文在班上朗读。那时候，圆圆最骄傲了，老师夸他的作文"有生活气息、富有感情、生动形象"，同学们都很羡慕圆圆，纷纷请教圆圆有没有秘诀，圆圆神秘地说："妈妈说，因为我有一个好习惯，那就是坚持写日记。"

当孩子完成了一篇日记，父母要给予表扬，让孩子收获写作的成就感，这样他们就尝到了写日记的甜头，逐渐会喜欢上写日记。如果孩子的写作基础较弱，父母也要给予孩子帮助。有时候，孩子虽然在公园玩得很开心，但写日记的时候还是会感到无从下笔，这时候，父母可以适当引导孩子：你今天看到了那么多鲜花，你最喜欢哪种花？为什么会喜欢呢？你现在还能想起它的样子吗？这样一提问，孩子也会有自己的答案，再把这些答案串联起来，就是一篇日记了。这样下去，孩子不会感觉到写日记很困难，相反，他们能在写日记中感受到快乐，就会喜欢上写日记，进而养成一种学习习惯。

3.让孩子养成写日记的习惯

孩子喜欢上了写日记，父母就要进行正确引导，让孩子养成写日记的习惯。父母可以让孩子每天坚持写一篇日记，既不要规定日记的内容，也不要规定日记的字数，让孩子觉得每天记录下自己的心情是很自然的事情。这样时间长了，孩子已经把写日记当作了一种习惯，写日记对他们来说不再是一种负担，每天不在自己的笔记本上写那么几句话，孩子就觉得心里不舒畅，这样就可以不断地为孩子积累素材，进而提高他们的写作能力。

孩子，首先得学会倾听

在西方有一句谚语：倾听是最高的恭维。英国学者约翰阿尔代说："对于真正的交流大师来说，倾听和讲话是相互关联的，就像一块布的经线和纬线一样。当孩子倾听的时候，他是站在他同伴的心灵的入口；而当他讲话时，他则邀请他的听众站在通往他自己思想的入口。"生活中，孩子们经常会遇到这样的事情：当一个遭遇烦恼的朋友找自己倾诉，我们只需要认真听他讲话，当他讲完了，心情就会平静很多，甚至不需要我们做任何事情来帮助其恢复平静。

在沟通过程中，占据主动位置的一定是能言会道的人吗？不一定。有时候，能够把控沟通的主方向的人往往是一些善于倾听的孩子。因此，孩子们必须要学会善于利用我们的耳朵，做一个善于倾听的人，并牢牢地抓住沟通的主控权。

或许，有孩子错误地认为多说话才是好事，其实，多说话会给我们带来很多负面的影响，多说有可能会使他人对你产生戒心，认为你有某种企图；说得太多了，他人会对你敬而远之，因为他没有义务当你的倾诉桶；说话这件事，说得多了，难免会出错；有时候，说得太多，暴露的信息太多，就会被别人看穿。

对和你谈话的那个人来说，他自己的需要和他自己的事业永远比你的事重要得多。所以，做一个懂得倾听的人，并将这样的美德保持下去，你会赢得比别人更多的机会，获取更多的信息，能够更加有效地打动小伙伴的心。

小贴士

1. 倾听会让你受益

布里德奇说："学会了如何倾听，你甚至能从谈吐笨拙的人那里得到收益。"倾听并不是没有任何意义的随声附和，一个优秀的倾听者可以从说话者那里获取大量的信息，赢得对方的喜欢，达到打动人心的目的。

2. 掌握倾听的技巧

不过，倾听也是有技巧的，除了听之外，需要适时地重复对方话语中的关键字眼。当然，倾听比说话更需要毅力和耐心，假如你只是埋头玩自己的手，或者把头撇向一边，这样无疑会打击说话者的积极性。

3. 倾听是沟通的前提

只有听懂了别人表达的意思的人才能沟通得更好，倾听是说话的前提，先听懂别人的意思，再表达出自己的想法和观点，才能更有效地沟通。同时，听懂了别人的意思，我们才有机会掌握沟通的主动权，如此，也更容易打动人心。

从倾听中发现对方的喜好

孩子与别人的交流沟通，实际上就是一场心理的较量。而且，彼此都带着各自在意的重点，以此来达成共识。如何才能打动对方呢？这需要孩子们仔细观察，从对方言语中抓住对方潜在的"利用价值"，再以其在意的东西作为利诱，这样一来，对方肯定会心动，不得不答应我们的请求。而且，当我们以其在意的东西作为利诱，暗合对方心理的时候，会让对方感到很受尊重，在无形之中，也拉近了彼此的距离。

学校组织班级到一家商店参加社会实践活动。第一次派了一个同学去联系，那个同学说话很不礼貌，开口闭口就谈市里有要求，你们应该接待我们，结果遭到了商店的拒绝；第二次又派了一个同学去联系，第二次去的那个同学，在经理办公室外面等经理办完了事，才轻轻敲门，得到允许后进到屋里，拿出介绍信，恳求说："叔叔，我们有件事想麻烦您和商店里的叔叔阿姨……请您大力支持……谢谢您啦！"这一番话说得经理心里暖乎乎的，当然不会再拒绝了。

两个同学都是求助，为什么第一个同学被拒绝了，而第二个同学受到了欢迎呢？分析其话语"叔叔，我们有件事想麻烦您和商店里的叔叔阿姨……请您大力支持……谢谢您啦"，首先，"叔叔阿姨"表现了亲昵，拉近了彼此之间的心理距离，其次，语气恳切，一番话说得经理心里暖乎乎的，而且，他所面对的又是一个小孩子，自然不会再拒绝了。

心理专家认为，人与人之间内心深处所想的事情，是彼此完全不同的两个状态，每个人都有自己的欲望点。这就需要我们在日常交际中，善于用语言找出对方喜好，懂得对方的心理。在这里，心理专家的言外之意是指要想对他人心理施加影响，只有挖掘出对方的喜好，懂得他人心思之后，才更容易施加影响。

📩 小贴士

1. 找到对方在意的东西

每个人都一定会有在意的关于利益的东西，有可能是金钱，有可能是荣誉，有可能是地位。那么，在沟通的过程中，我们要善于以对方在意的利益作为"诱饵"，以此达到打动对方的目的。

2. 找到对方的兴趣所在

每个人都有自己的兴趣爱好，因此，在交流过程中，我们要想办法找到对方的兴趣点。可以在与对方交谈之前做好准备工作，打听对方有什么兴趣爱好；也可以通过自己的观察或提问来知晓对方感兴趣的事情。

3. 给对方一点甜头

有时候，不妨可以给对方一点好处，这样对方也会从中获得一些恩惠。比如"你过来我请你吃饭，还请你到处转转，咋样""只要你给我把这件事办好了，我就送你一个文具盒""我前天在上海给你捎带了一条裙子，你看什么时候过来拿去吧"。

4. 给对方一个响亮的头衔

响亮的头衔就相当于一碗迷魂汤，一点点地迷醉对方，让其在名声的诱惑中与心理的满足中答应我们的请求。俗话说：

"佛要金装，人要衣装。"头衔也有它的作用，而且，这样的作用还不小。头衔就犹如名字的装饰品，它华丽堂皇，令那些听闻头衔的人都心生羡慕，与此同时，也令当事人感到莫大的荣幸。

倾听时观察对方的小动作

现代心理学的研究证明：一个人不经意间表现出来的小动作能够反应出一个人的真实性情，或者对别人所保持的态度及意见。比如，在日常交流中，对方看起来很认真地在听，但是，在桌子的下面，他的手指却在不停地反复敲击着。这样的小动作表示这个人实际上与他的表面是相反的，他一点也没有将心思放在开会上，心不知道飞到哪里去了。因此，在生活中，如果孩子们能仔细观察他人的小动作，那么就可以看出他人真实的性情。

每个人都有那么几个常见的小动作，孩子们可以通过观察对方的一些小动作来发现他们对自己的看法。另外，一些心理实验表明，如果你与一个你很讨厌的人在一起，只会出现两种相对的反应：一是太随便，根本不在乎对方的想法；二是太拘谨，看起来无所适从，甚至，不知道该把手放在哪里。这两种不同反应正好可以揣测出对方的真实性情。

在日常沟通中，我们会发现，几乎每个人都有其特别的小动作，而这些不经意表现出来的小动作恰好能直接反应其真实性情。实际上，每一个人的小动作都隐藏着其内心的真实想法。在很多时候，一个人的肢体语言和他们内心想要说的话并不一样，这就是所谓的小动作。

每个人都有心情不好的时候，特别是由于外人影响心情的时候，人们的表现会更突出，情绪会更烦躁不安。这些情绪除了通过面部表情及口头语言表现出来以外，还通过一些小动作显现出来。下面我们就介绍几种人们常表现出的小动作。

小贴士

1. 喜欢用嘴咬住一些物品的人

有时候，我们经常会发现有的人喜欢用嘴咬眼镜腿、铅笔或者其他一些物品。这一类型的人喜欢我行我素，不喜欢受人管制。他们做出这样的动作，是想掩饰自己恶劣的情绪，不想让别人知道。在这种情况下，你千万不要上前搭话，以免加重其恶劣的情绪。但在有时候，这样的小动作也无法克制他们内心的不满情绪，他们的情绪有可能会进一步恶化，也有可能在突然间爆发出来。

2. 习惯用手拢头发的人

有的人喜欢用指尖拢头发、轻搔面部，或是把食指放在嘴唇上。他们这一类的人性格比较开朗、乐观，虽然在面对生活或工作中的困难时也会出现失望、沮丧的心情，但是他们能在最短时间内调整好自己的心态，坦然面对这一切，并致力于寻找解决问题的办法。

如果有人在你面前做出这样的小动作，那就表明他们对你的谈话没有多大的兴趣，左顾右盼、漫不经心。他们或许正在思考自己的问题，并且认为你是在打扰他，但他们会碍于情面而不表露出来。

3. 喜欢两手互相摩擦的人

有的人习惯两手不停地摩擦。这一类型的人对自己充满了信心，喜欢挑战自我，并且在成功的路上敢于承担一定的风险。他们一旦决定去做某件事情的时候，就会一直坚持下去，而不会轻易改变主意和行动方向，所以他们在某些时候显得比较固执。而他们通常出现这种情况的时候，就是烦躁不安、心情郁闷的时候。

4. 习惯用手抚摸下巴的人

有的人习惯于用手抚摸下巴或者抓着下巴。做出这样小动作的人大多比较世故圆滑，有较深的城府。他们这样不断地抚摸下巴只是想使自己镇静下来，克制自己内心的不满情绪，以免自己冲动之下做出什么举动来，同时，他也在思考下一步的对策。

学会闭嘴，少说多听

在沟通过程中，谁先开口说话，谁说的比较多，谁就有可能处于被动的位置。在商务沟通中，为了避免受到对手的攻击，人们总是千方百计地遮掩自己内心真实的想法，而"紧闭嘴巴"则成为其掩盖自己心理的有效方法之一。试想，若是什么都不说，对方自然也不知道自己在想什么，自然是胜券在握。

谁说的比较多，他暴露出来的信息就比较多，自然，他就只能处于被动位置了。因此，为了使自己能占据主动位置，应该让对方先开口。更为关键的是，只有让对方先开口，你才能探得一些信息，在接下来的谈话中，你也能句句击中其心理了。

倾听是沟通过程中不可或缺的部分，听与倾听有所不同：前者是反映听觉机能的状况，后者除了健全的听觉，更需要全情投入，付出真诚和专注。但事实上，沟通时多说话，只会错误暴露自己的底牌，甚至激发彼此间的争论，扩大分歧，甚至可能导致沟通走向僵局。所以，在沟通过程中，我们应该多听少说，才可以知己知彼，百战不殆。

沟通者一定要学会如何"听"，在认真、专注地倾听的同时，积极地对讲话者做出反应，以获得较好的倾听效果。在实际沟通中，沟通者应该把自己置于一个什么样的位置上，以什么样的姿态来听取对方的发言和意见并快速对此做出正确判断和反馈，这不但取决于沟通者完善的自我表达，更取决于沟通者高超的倾听技巧。

倾听之道，在乎"耐心倾听"，即需要专注、忍耐，尽量让对方把要说的话说完，尤其是一些批评的话。许多人喜欢抢着说话，这导致他们只能听到部分或表面信息，忽略了重要内容或弦外之音。我们在很多时候听到别人说"请让我把话说完"，就是这个状况。

从心理学和日常的生活经验来看，当人们专注地倾听别人说话时，表示人们对讲话者的观点很感兴趣或很重视，从而可以给对方一种满足感，这样就会在双方之间产生一定的信赖感。美国科学家富兰克林曾说："与人交谈取得成功的重要秘诀，就是多听，永远不要不懂装懂。"

小贴士

1. 多提问

潜能大师安东尼·罗宾说过："对成功者与不成功者最主

要的判断依据是什么呢？一言以蔽之，那就是成功者善于提出好的问题，从而得到好的答案。"在沟通过程中，善于提问是很有必要的，一个好的提问可以引起一次愉快的沟通，而一次愉快的沟通会让你获得更多的信息。

2. 尽量让对方多说话

成功的沟通是尽可能地让对方多说话，当需要别人去赞同自己意见的时候，人们往往会不停地表达自己的想法但往往会失败，失败的原因就在于话说得太多了。其实，要想取得良好的谈话效果，你应该让对方多说话，让对方表达出他们自己的意见，或者说，应该你问他们问题，让他们来告诉你一些事情，这样你才能搞清楚对方到底在想什么。

3. 认真倾听

在沟通过程中，我们要认真倾听，面向说话者，同他们保持目光接触，要以姿势和手势证明我们在倾听，表示出自己的诚意和对对方的尊重。无论你是站着还是坐着，都要与对方保持最适宜的距离。大多数情况下，说话者都愿意与认真听讲、举止活泼的听者交往。

4. 注意力集中在对方所说的语言内容上

在倾听过程中，我们要把注意力集中在对方所说的语言内容上，不但要努力理解对方言语的含义，而且要努力理解对方语言中的感情和文化含义。同时，我们要了解对方的文化背景、价值取向和语言特点等,才能保证全面理解对方讲话的全部内容。

5. 努力表达出自己的理解之意

我们在与对方交谈时,要利用有反射地听的做法,努力弄清楚对方的感觉如何,对方到底想说什么。假如我们可以全神贯注地听对方的讲话,不但表明我们对对方的肯定态度,促使对方感到得到理解,而且有助于我们更准确地获取对方的信息。

6. 避免使自己陷入争论

当我们内心不同意对方的观点时,对他们的话不能充耳不闻,而只顾自己发言。一旦发生争论,也不能一心只为自己的观点寻找根据,而把对方的话当成耳边风。假如你不同意对方的观点,也应该等对方说完话之后,再论述自己的观点。

与人交谈时,少说自己

现代社会,许多家庭都是独生子女,在这样的情况下,许多孩子养成了"凡事以自我为中心"的个性。而这恰恰筑起了孩子与他人人际交往的心理障碍。以自我为中心的孩子,他们总是强调自己的需要和兴趣,只关心自己的感觉,而不关心别人的利益得失。

这样的孩子大多有很强的自尊心，不愿意别人超过自己，对别人的成绩非常嫉妒，对别人的失败幸灾乐祸。在与别人谈话的时候，总是谈着"自己""我"，不愿意听别人的情况的孩子大多都是因为父母的宠溺才形成了这样的性格，许多父母认为，孩子只有一个，好的东西都给孩子，宁愿自己吃苦也不愿意孩子吃苦。

综上所述，这样一些个性的孩子在学校大多是没什么朋友的，对此，作为父母，应该反省自己的家庭教育方式，及时作出调整，才能帮助孩子冲破"社交障碍"。

张妈妈说："我们一直很疼爱小洁，经常买漂亮的衣服和最好的玩具给她。不过，因为工作忙碌，陪伴小洁的时间很少。她总是一个人在家看电视、玩玩具。上了中学后，她不太懂得如何跟同学说话相处，也不知道如何与人分享，同学们都看她漂亮，东西用得好，以为她很骄傲，不想和她来往，不愿意跟她做朋友。时间长了，小洁越来越害羞，甚至讨厌上学。"

孩子为什么没人缘？从妈妈的叙述中，我们不难发现，孩子交际能力差，大部分原因在于父母。小洁的父母工作忙，没有时间照顾她，虽然父母认为自己比较疼爱孩子，但是，疼孩子并不是给他买买东西，而是关心孩子心里在想什么，在这样家庭环境下长大的孩子，交际能力肯定好不到哪里去。

父母要有意识地锻炼与人交往的能力，让孩子与同学、朋友一起玩，逐渐学会谦让、忍耐、协作的能力。否则，孩子总是与父母在一起，备受宠爱，培养了霸道、以自我为中心的个性，以后进入社会就更不能很好地与人相处了。

小贴士

1. 少批评，多赏识

许多孩子在学校没人缘，并不是他不被同学们所接纳，而是他自己不愿意与人交往，内心很自卑。而造成这样的原因是多方面的，可能他自身条件不好，也可能他成绩比较差。但面对孩子这样的情况，许多父母却只问成绩，若是考差了就批评、打骂教育。结果，孩子越来越自卑。对于孩子，父母要少批评，多赏识，关注孩子的优点，比如"我觉得你写的文章很优美"，增强孩子的自信心。当孩子对自己充满信心了之后，他自然会愿意与人交往。

2. 让孩子走出家庭

在家庭里，父母与孩子的关系多少存在一定的"不对等性"，父母有什么好吃的都留给孩子，宁愿自己省一点，也不能亏了孩子。但是，走出家庭，孩子与同龄人相处，那是完全对等的关系。同龄的孩子在一起玩，机会是均等的，大家都遵守共同的游戏规则，这会让孩子学会平等对人，学会理解别人的困难和心情。

没话找话，找到共同话题

许多拜访过罗斯福的人，都会对其广博的知识感到惊奇，而且，他身上有很特别的一点，就是和谁都有共同话题。不管是纽约政客，还是外交家，罗斯福都知道与他们谈论些什么。有人问罗斯福是如何做到这一点的，他回答："我每接见一位来访者，都会在这之前的一个晚上阅读有关这位客人特别感兴趣的东西，以便找到他感兴趣的话题。"心理学认为，每个人都有自己的兴趣，都对和自己有共同兴趣的人有着特殊的好感。

比如，面对第一次认识的小伙伴，小强发现对方的打扮很时尚，便主动开口说："我觉得你这身打扮真不错，你平时一定喜欢看时尚杂志吧？"当对方听到你对他的兴趣爱好也这么感兴趣，还如此了解的时候，他就会产生"同好"心理而倍感亲切。谈论双方共同的话题，无形之中是对他人的赞美与肯定，同时，也会使你获得好感，从而消除彼此的尴尬心理，达到和谐沟通的目的。

小贴士

1. 激起对方说话的欲望

在沟通过程中，我们应该率先向对方传递友好的信息，激起对方说话的欲望。当你的话题使对方产生了浓厚的兴趣，对方就会不由自觉地打开话匣子。所以，当谈话出现了尴尬局面的时候，一定要通过话题激起对方的兴趣，使谈话能够持续下去。

2. 有效地提问

适时的提问会帮助你找到共同话题，当然，提问也是需要技巧的。为了不至于造成尴尬情境，应该把问题尽量掌握在自己比较擅长的范围之内，问题尽量具体，如"你喜欢去哪个国家旅行？"这样你们就可以围绕旅行途中发生的趣事展开一个话题了。

3. 找到对方感兴趣的话题

每个人都有自己感兴趣的事物或话题，我们不妨去迎合他们的兴趣，积极主动地寻找出共同话题，这比漫无目的地乱说一通强过一百倍。比如，假如你了解到他喜欢唱歌，那么你就可以说"你喜欢哪位歌手？""感觉你声音很独特，唱歌肯定很好听"。

第6章

表达有技巧，做人见人爱的孩子

父母经常发现孩子们天天说话也不见得会说话，这是因为他们缺乏一定的语言表达技巧。善于说话，其实就是说话者可以准确自如、恰到好处地表达出自己的思想、感情和意图，可以将深奥的道理说得清楚明白、形象生动。

不好啦！出事啦！连120都来啦！
什么事？
谁出事了？
为什么120来了？
我……
同学们，不要慌，音乐老师在学校门口被路过的电动车蹭倒了。

说话必须掌握的"四个W法则"

说话，需要将语言表达得更清楚、更具体，这就需要遵循四个W原则，即"when""where""who""what"，也就是什么时候、在哪里、谁、发生了什么。如果孩子在说话时遵循这四个原则，一件完整而清楚的事情就会呈现在大家面前。如果在说话时只涉及到了其中的一两个方面，那这样不够完整的叙述，听众听了就会产生疑惑。说话的目的在于向听众清楚地传递信息，这样才能达到说话的目的，若听众听不懂你在说，那就等于白说。

在现实生活中，许多孩子在说一件事情的时候，总是牛头不对马嘴，说到半截就开始跑题，前面的没交待清楚就开始说后面的，结果弄得大家都迷迷糊糊的。

课间，教室里聚集了一大群同学，只见杨威急匆匆地跑进来，大声喊道："出事了，出事了，学校大楼前面出事了！"顿时，所有人的心都提到了嗓子眼，"什么事情啊？""瞧你，火急火燎的，到底是出了什么事情，你倒是说啊！""学校大楼前面，莫不是出车祸了吧？"……杨威端起放在桌子上的一杯水就直灌到嘴里，然后大大地喘了一口气，才说："外面有人跳楼了。"

同学们都睁大了眼睛，无数的问题抛出来："是真的吗？""是啊，是不是你自己编瞎话呢？"杨威点点头："当然是真的了，我怎么会拿这种事情开玩笑。"又有人问："那跳楼的是男的，还是女的啊？为什么跳楼啊？人死了还是活着啊？"杨威摇摇头，说道："反正吓死我了，我现在心还跳得厉害呢。"同学埋怨道："那你这不是存心吊我们胃口嘛，怎么说话的，大家可都当你是班里的大广播呢，现在连一件事情都说不清楚。"

案例中，杨威只是简单地叙述了在哪里发生了什么事情，并没有涉及其他的内容，因此同学们听了就会心生疑惑：这事情到底是怎么发生的，具体怎么样。这些关键性的问题却难以从杨威的嘴里找到答案，产生这样现象的原因在于杨威的语言表达的不够清楚。

其实，造成语言表达不清晰的原因主要有两方面：一方面是由于紧张或慌乱引起的思维混乱，对于谁、什么时候、在哪里、发生了什么，常常是东一句，西一句，表达不清楚；另外一方面是由于说话者本身对事情的过程就不熟悉，只模糊地知道一些情况，就急于说出来，因此才给听众带来一种这件事情不清不楚的感觉。

那么，在实际语言表达中，如何遵行这个四个W原则呢？

小贴士

1. 搞清楚状况再说话

在生活中,许多孩子总是在还没搞清楚状况的情况下就说话,结果却只能说出一言半语,将本来完整的一件事情弄得"支离破碎",自己说起来费劲,而听众也听不明白。

2. 让叙述更清晰

如果孩子思维不够清楚,不妨在说话之前,在纸上写下事情发展的四个要素,或者将这四个W原则在脑海里整理一遍,让整件事情清楚地呈现在脑海里,再进行详细地叙述,这样就可以避免表达模糊不清的情况。

学习招人爱听的说话方式

在现实生活中,许多孩子抱怨自己说话没人爱听,那什么样的说话方式才是听众爱听的呢?在这里,我们给出的答案是有理也有趣的说话方式。说话首先应该有道理,如果你的话语只是空话连篇,没有任何的营养,或者只是胡搅蛮缠,这样的话,听众是不爱听的;此外,说话还应该有趣,仅仅有理的说话,听众也是不爱听的,现代社会,人们消遣的方式非常之多，如看电视、听音乐，如果你的话语缺乏趣味性，那谁又愿意花时间来听你官话、套话连篇呢？

因此，要想听众爱听自己说话，那就要有理、有趣，两者缺一不可。若是只有理，这样的说话未免太枯燥；若是只有趣，那这样的说话未免太没营养，就好像是听人说了一个笑话一样，笑声过后，那说话的内容也将会被听众忘得一干二净。

说话首先应该建立在有理的基础之上，也就是通过说话来说明一个道理，或者表达自己的一些观点。然后说话者应该考虑如何让自己的语言变得有趣起来，或者引入一些典故，或者说一个有趣的寓言故事，或者插几句风趣幽默的话。这样说话就可以达到叙事论理、引人入胜、妙趣横生的效果。

在实际说话中，我们应该如何做到有理有趣呢？

小贴士

1. 明确说话的主旨

说话有理，也就是说话需要有目的，可以是表达自己内心的某些想法，也可以是阐明一个道理。总之，需要明确说话的主旨，而所有的话题都将围绕着这个主旨展开。

2. 引入有趣的故事

在说话中，可以引入有趣的故事，如寓言故事、神话、传说、典故等。寓言是文学作品的一种表现方式，大多是通过一个有趣的故事来说明深刻的道理，用比喻象征的手法，借古喻今，借物喻人，把一些不容易被人所理解和接受的道理和主张，用一些故事通俗、形象地解释清楚，这样的说话既有理也有趣，肯定会受到听众的喜欢。

不啰嗦，说话简洁明了

在实际生活中，很多孩子说话有一个明显的弊病，那就是非常啰嗦，他们把一些极为简单的问题复杂化。本来三言两语就能说清楚的问题，他非要重复无数遍，结果越说越离谱，自己也搞不懂自己在说什么。其实，我们从一个孩子的说话方式就能看出这个人的做事风格，说话简洁而有力道的人，大多自信心很强、办事果敢；而那些废话连篇的孩子，通常都是思维比较迟钝，做事也犹豫不决、优柔寡断。

子禽问自己的老师墨子："老师，一个人说多了话有没有好处？"墨子回答说："话说多了有什么好处呢？比如池塘里的青蛙整天整天地叫，弄得口干舌燥，却从来没有人注意它。但是雄鸡，只在天亮时叫两三声，大家听到鸡啼就知道天要亮了，于是都注意它，所以话要说在有用的地方。"

正所谓"言不在多，达意则灵"，那些言简意赅的话语，往往更有力度，而且更能深入人心。说话简洁使人愉快，令人喜欢，这样更容易被人接受；相反，说话冗长累赘，就会使人厌烦，也使沟通达不到预期的效果。所以，孩子们在日常交际中，要善于说一些简洁而有力道的话语，这样才能直入人心。正所谓"浓缩就是精华"，因为简洁，它所表达出来的思想才会更有深度，表达的意思才更清晰，表达的内容才更有份量。

那如何说话才能做到言简意赅呢？

小贴士

1. 尽量使用准确的词语

福楼拜说："任何事物都只有一个名词来称呼，只有一个动词标志它的动作，只有一个形容词来形容它。如果讲话者词汇贫乏，说话时即使搜肠刮肚，也绝不会有精彩的谈吐。"孩子在平时的语言积累中，要尽可能地掌握更多的词汇，这样才能说出简洁而有力道的话。

2. 将复杂的内容简单化

要想自己说话简洁而有力度，就需要"删繁就简"，说话要简洁，势必删掉那些冗长的、反复的词汇，尽量把复杂的话简单地说出来，这样的话语才会简单易懂，才能直入人心。

用词得当，语言表达有层次感

在说话时，语言表达需要有层次，这样所说的话才容易被听众把握。孩子们在交流思想、介绍情况、陈述观点、发表意见时，为了使听众可以快速了解自己的说话意图，往往需要用有层次的语言表达方式。说话有层次，也就是有道理，语言有概括性，这样的说话方式所产生的是一目了然的效果，听众当然更容易把握其中的内容。

在说话过程中，孩子们要提纲挈领地把问题的本质特征表露出来，达到"片言以居要、一目能传神"的效果。此外，在语言表达过程中，要善于将所表达的东西划分开，哪些是重要的，哪些是次要的，哪些是先说的，哪些是需要留到后面去说的，这些问题都需要认真考虑，因此才能让自己的语言表达更有层次感。

说话有层次感，也就是将你所说的内容按主次顺序、逻辑顺序清楚地展现在听众面前。有的人说话不分轻重，他们先挑不重要的说，说了半天才开始转入正题，这会让听众产生错觉，误以为前面洋洋洒洒说了大半天的内容是主要的，而将后面的当作次要的，这样一来，就颠倒了说话者本来的目的。

如何让自己语言表达更有层次感呢？

小贴士

1. 说话需要按主次顺序而来

通常孩子说话都是先说重要的，再说次要的，这样的说话方式，听众听了就会很清楚所传递的信息到底是什么。因此，说话也需要按照这个顺序，千万不能颠倒顺序，否则你的说话就会如同一盘散沙，听众也分不清楚哪些是重要的，哪些是次要的。

2. 逻辑分明，多用连接词

当孩子在说到一个问题的时候，需要多用一些连接词，比如"首先要树立远大而崇高的理想，其次要制定明确而实际的目标"，明确先说什么，后说什么，体现较强的逻辑性，使整个语言表达层次鲜明。

语言朴实，表达真情实感

孩子说话时要注意把自己的情感融入到语言之中，追求语言的朴实无华、感情真挚。一个人不可能没有情感，只要他一开口，总是在试图以自己的情感影响别人。真挚而健康的情感可以感染听众，使其按照说话者的意愿去行动。而朴实无华的语言往往能表达真情实感，以此造成适度煽情的效果，相反的，有时太多的言语修饰反而会削弱情感的真挚度。

因此，孩子在语言表达时，可以适当煽情，这往往能起到意想不到的效果，情深意切，打动人心。说话的主要目的就是使听众能够信服，那就需要尽可能在双方之间建立起情感的桥梁，才能够以情动人，以理服人。

朴实真挚的语言总是能够如春风一样拂过你的心，温暖到你的心窝里。我们常说，"动之以情，晓之以理""通情才能达理""感人心者莫先乎情"，其实就是这个道理。既没有华丽的辞藻，也没有对他人的曲意逢迎，语言朴实，直接表达了其真情实感，使听众为之动心、为之折服。

小贴士

1. 说话要以情为基础

有的孩子寥寥数语就能够征服听众，重要的原因不在于说话者有多么好的口才、有多么好的语言表达能力，而是在于他的语言朴实无华，情深意切，打动人心，听众所喜欢的就是这样极富情感性的演讲者。

2. 尽量使用无矫饰的语言

最具有情感性的语言不是华丽辞藻的堆砌，而是最简单质朴的语言，那些语言才能真正地走进人们心里，征服人的心灵。因此，在说话时不需要讲多么漂亮的话，而是尽量地使用朴实无华的语言。

表情生动，把语言与感情相融合

在语言表达中，我们需要将语言与感情融合起来，努力做到声情并茂地说话，如此才能抓住听众的注意力。我们都有这样的经历，儿时临睡前父母坐在床边说故事的时候，他们的神情、语言就好像自己已经化身成了故事中的主人公，而这样说故事的方式恰恰是我们喜欢的。其实，这就是声情并茂地说话。

作为说话者，说话声情并茂才有人爱听，对听众才有吸引力，才容易取得好的效果。在说话过程中，孩子们不仅需要使用具体生动的语言来说明问题，而且还需要运用生动的体态语言，以及优美动听的声音，如此才能真正地做到声情并茂。如果你只是空洞地说教，面无表情，一动不动地站在那里，即便你出口成章，词藻华丽，却还是无法调动听众的情绪，这样你的说话无疑就是事倍功半。

学校里的徐老师虽然年过半百了，但他却拥有很多粉丝，这些粉丝都是听过他课的学生。如果你问学生为什么会喜欢徐老师，他们则会回答："讲课时声情并茂，十分精彩。"

原来，在课堂上，徐老师完全把自己融入进了课文故事中，时而是狡猾的狐狸，时而是聪明的小白兔，时而是声音颤抖的老人，表情生动，声音惟妙惟肖，逼真极了。这样一来，无论是多么枯燥的课文，但只要徐老师来上课，那整个课堂就会变得活跃起来。

声情并茂地说话，实际上就是将个人的情感融入到说话过程中去，而不是把自己脱离出来。当情感真正地融入说话中去，那你的声音、神态、表情，甚至身体语言会随着内容的不同而发生相应地变化，就好像表演一样，只有真正地融入其中，才能更深入地表达出自己的想法和观念。

那在实际说话中，孩子们如何做到声情并茂呢？

小贴士

1. 声音、情感与说话内容协调一致

声情并茂地说话，要求孩子的声音、情感与所说内容协调一致，悲伤时用沉重的语调，神情沉痛；高兴时用欢快的语调，面带笑容。这样才能更准确地用语言表达出内心的想法，听众也才能真正地被你带入到其中。

2. 切忌沾上表演的痕迹

虽然要求孩子声情并茂地说话，但并不是说说话者需要像演员一样去做戏，而是将自己真实的情感融入到说话中，不要太夸张，不要有太做作的痕迹，这样才能大方自然地表现出自己内心的情感。

运用口语，通俗易懂

通常情况下，说话短则几分钟，长则一两个小时，如何才能让别人记住自己所说过的话呢？其实，令他人过目不忘的说话，并没有什么秘诀，最简单的就是运用口语化的语言，且通俗易懂的语言表达出来。如果孩子在说话的时候，较多地使用生僻晦涩的词语，对方就会觉得枯燥无味，不知道孩子在说些什么。说话者有可能说得滔滔不绝，唾沫星子漫天飞，而听众却是恹恹欲睡、烦躁不安。我们要说那些听者能够听得懂、记得住的话，这样才能达到你说话的目的，也才能让语言发挥出应有的作用。

通常人们对于自己感兴趣的语言，大多数是愿意花心思去记住的。因此，孩子们要善于说一些人们感兴趣的话，比如说成语、民谣之类，简单得令人过目不忘，人们也就能够耳熟能详。你讲起来语言简短精练，让听众不仅听得明白，而且印象很深，也更容易记住，合乎口语。

第6章 表达有技巧，做人见人爱的孩子

著名心血管病专家洪昭光教授作的健康报告中运用了大量的群众易于接受、喜闻乐见的语言，通过生动有趣的故事和易学易记的"顺口溜"，让大家一听就懂，一懂就用，一用就灵。

一般来说，作医学报告，都会有许多专业术语，比如，一天要摄取热量2200千卡、饱和脂肪酸8%、胆固醇少于300mg等，但你给老百姓讲这些，让人听了摸不着头脑，也没法操作。而洪昭光教授改用口诀"一、二、三、四、五，红、黄、绿、白、黑"就好记多了。其中的许多语言，让人听后看后难以忘怀。如"健康面前人人平等，遵循健康规律，你的身体就可能一生平安"，早已"润物细无声"地改变着人们的健康观念和生活方式。

据说，洪教授的报告场场爆满、听众如云，他的讲稿更是十分抢手、火热得很，不论是高层领导、专家学者，还是基层群众、普通百姓，都十分喜欢听他演讲。这其中的主要原因，除了他拥有崭新的医学观点外，其中很重要的就是他在报告中的语言可以令人过目不忘。

在说话中，要让自己的语言令听众过目不忘。孩子们应该尽量使用自己的语言，说话最容易被人记住的是语言，语言要生动活泼，具体形象，幽默风趣。你使用的语言要具体可感，形象生动，丰富多彩，不能翻来覆去总是那几个词，几句话，那样就会显得毫无滋味。而语言生动有趣，最基本的要求

125

就是尽可能使用自己的语言，不能老是去套用别人的话，这样既具有个性，又有新鲜感。需要注意的是，要避免堆砌"时髦词"，或者把别人的东西生拼硬凑在一起，乍听起来挺"新鲜"，可是细细品味起来，似是而非，很不准确。

另外，为了自己所说的话容易被听众记住，还应该站在听众的角度上思考问题。说话实际上就是一个态度的问题。如果孩子站在听众的立场上，为听众着想，就会将自己的想法很好地传达给听众；不要以自我为中心，只考虑如何展现自己的语言表达能力。有的人长篇大论，把本来非常简单的道理绕来绕去，结果不说的时候听众还明白一些，越说听众越迷糊，这就是故弄玄虚，人为地设置了沟通障碍，这样的说话，听众厌烦还来不及，又怎么会记住你所说的话呢？

那令听众过目不忘的说话秘诀到底是什么呢？

小贴士

1. 善用口语词汇

如"立即"可写成"马上"；"从而"可改成"这样就"；"备定"可写成"准备好了"等。如果遇到同语义有几个词都可以用来表达，你要尽量选择其中一个容易听懂的词。不该省的字不要省。如"同期"最好说成"同一时期"，以免产生误解。

2. 尽量用短句

尽量用短句,少用很长的句子,并且尽可能地少修饰句子;要尽量避免使用文言句子和倒装句,以免造成听众的错觉或分散注意力。

3. 少用文言

有些难懂的、文绉绉的成语,最好不用。如果用一两句,也要专门作出解释。但是早已口语化了的成语,还是可以用的,这样才能使说话显得生动,雅俗共赏。

4. 小心使用方言

这主要是针对听众面比较广、人员比较多的情况而言。因为下面的听众可能来自五湖四海,用方言土语多了,有些人就听不懂,就会影响说话效果。当然,如果只是小范围的会议,而且大家都是本地人,这个时候可以适当运用一些方言土语,可以起到拉近说听者距离、增进感情的作用。

让孩子大胆把"不"说出口

父母告诉孩子要热情善良、大度礼让、乐于助人,这样的教育是正确的。但是,孩子的问题在于,父母只重视了道德教育,却忽略了孩子的社会化教育。

社会化教育的缺失让孩子在与人交往时显得心智不成熟。作为一个社会人，我们每一个人都不能脱离社会而独自生活。假如孩子不懂得果断做决定、不懂得巧妙拒绝别人的不合理要求、不懂得表达自己的不满情绪，那么，孩子在整个社交活动中只会感觉到十分疲倦。

美国幽默作家比林认为，一生中的麻烦有一半是由于太快说"是"，太慢说"不"造成的。即便连成年人也会抱怨说，平生最怕的事情就是拒绝别人，更何况是孩子呢？他们往往出于爱面子和怕得罪人的心理，在别人提出一些要求或者请求帮助的时候，即便自己很忙，也勉为其难答应，那个"不"字难以说出口。

我最近一直很担心孩子的社交问题，他一向很听话，从来没让大人着急过，但是，最近我发现了他做事优柔寡断、不懂得拒绝别人，常常搞得他自己很苦恼。有一次，孩子放学很久了还没回家，我跟他妈妈都很担心。没想到天快黑了的时候，他回来了，我问："你怎么这么晚才回来？"孩子回答说："我在等同学，他让我等他一起回家。"我说："如果他有事，你可以先走啊。"他却说："我不知道该怎么拒绝他，万一伤害了他怎么办？"我们建议他在生活中要学会拒绝。但是，我觉得完全是因为他优柔寡断、不懂拒绝的个性，将本来很简单的事情复杂化了。

平日里，我们都教育他要热情善良、大度礼让、乐于助人。但是，没想到他这样的个性在学校过得并不舒坦，他上学一年多，由于同学的要求，他经常帮同学们借书、买饮料、跑腿、锁自行车、拿衣服……他自己舍不得花的零用花借给同学，同学没再提还的事情，儿子也不好意思要，只能在家生闷气。他每天回来都跟我说："爸爸，我觉得好忙，好累。"

心理学家认为，一个人遇事反反复复、犹豫不决，总拿不定主意的现象是意志薄弱的表现，它直接影响着一个人选择能力的形成，而选择能力的强弱又对人的成功与否起着至关重要的作用。在人生中，有的选择会直接影响自己或他人一生的命运，而优柔寡断、犹豫不决正是选择的大敌。

将来，孩子要独立面对纷繁复杂的社会局面，这时，身边没有父母的话可以听，而自己又拿不定主意，不懂得拒绝人，那可能是要误事吃亏的。因此，做父母的要尽量教会孩子有自己的主见，懂得巧妙拒绝他人，教会孩子学会对自己负责，锻炼他们"拍板"的能力。

小贴士

1. 倾听孩子的意愿

一直以来，父母的教育方式就是让孩子听话，听话的孩子就是好孩子，无论大事小事，都需要孩子服从。对此，心理专家说:"胆小怯弱的孩子所接受的家庭教育,要么是父母管教比较严苛,要么是父母两人的教育态度不一致,一方太强,一方太弱。"

父母在设置了一些禁令之后,只会让孩子服从、听话,而不告诉孩子为什么要这样去做,很少倾听孩子的意愿。在家里要求听话的孩子,难免将这种人际交往方式迁移到与他人的交往中,因此,他们总是处在一种人强我弱的位置,对于他人提出的不合理要求,他们也不懂得拒绝。父母不能总是要求孩子做这做那,而要倾听孩子的意愿:"你打算做什么样的决定?"

2. 锻炼孩子果断的性格

有的孩子遇事犹豫不决,一个重要的原因就是总怕自己考虑不周全。虽然,考虑周全是无可非议的,但追求万事完美,就会错失良机。父母应该让孩子懂得,凡事有七八分把握,就应该下决定了,这样可以锻炼孩子形成果断的性格。

3. 教会孩子以商量的方式拒绝

拒绝别人,有时需要和对方磨嘴皮子,一直到对方认可自己。比如,碰到比自己小的孩子想要玩比较危险的游戏,你可以教会孩子这样拒绝:"你太小了,还玩不了这么大的车,太危险了,碰着你会流血的,等你长大了,我再教你玩,好吗?"

4.引导孩子安全地表达自己的不满情绪

在学校，许多同学在家里做惯了"小皇帝"，总是指使身边的同学做这做那，如果孩子不懂巧妙拒绝的话，那就可能要受欺负了。因此，对于那些不合理的要求，父母可以引导孩子安全地表达自己的不满情绪，如"刚才做了那么多作业，我已经很累了，不好意思"。

第7章

表达有声有色,变身小小主持人

生活中,孩子是否总是偷偷躲在一旁,只是看着其他站在舞台上拿着话筒的小朋友自信大方地表达自我,而自己却没有勇气上台,孩子的内心是否有非常想要登上舞台的勇气?其实,每个孩子心中都有一个小小主持梦。

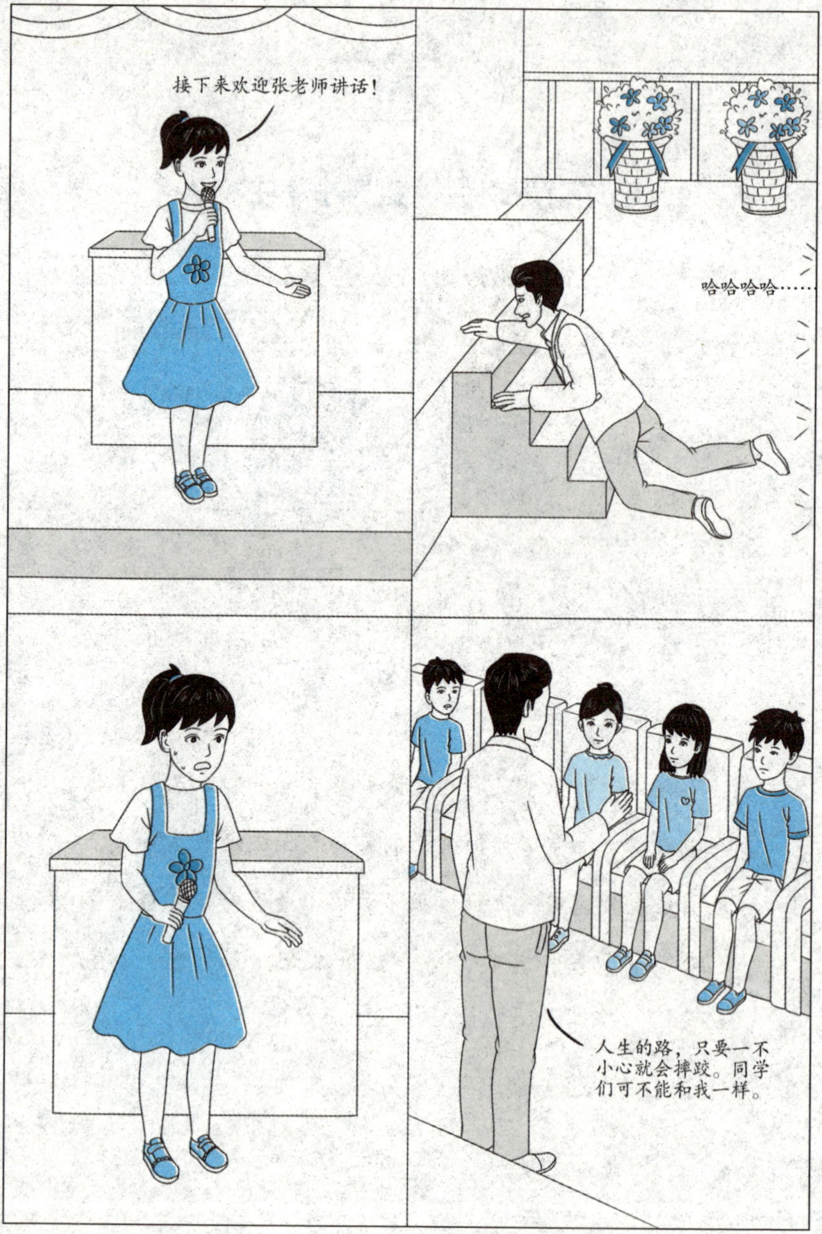
接下来欢迎张老师讲话！
哈哈哈哈……
人生的路，只要一不小心就会摔跤。同学们可不能和我一样。

不同的场合，需要不同的语言风格

现场主持是孩子以主持人的身份来进行临场讲话，这种讲话内容主要是根据孩子在活动中所担负的职责而定的，主持的角色主要分为报幕式主持和角色式主持。报幕式主持如主题报告会，孩子的职责是把会议事项和报告人介绍给听众，宣布节目的开始与结束，其作用是贯穿始终，使会议浑然一体；角色式主持如文艺晚会，其职责是在活动的开始、中间、结尾都有"戏"，而且其角色不能从整个活动中剥离抽出。当然，在主持不同的活动时，需要有不同的话语风格，实际上主持话语的风格主要取决于活动的内容。这个活动的主旨是什么，将决定着整个活动的基调。

敬爱的老师，亲爱的同学们：

大家好！我是×年级×班的×××，我爱好××、××，而我希望我的兴趣得到进一步的拓展，所以来竞选主持人，以锻炼自己的能力。

我性格外向，热情待人，面对其他人不胆怯，能做到落落大方的主持。这些特点，都是我竞争的有利条件。如果我如愿以偿的成为了这名主持人，我一定更加努力的锻炼自己的能力，使我在台上发挥出最好的一面，不断进步。

谢谢大家！

这是一则竞聘主持人的讲话，在整个言语中，洋溢着的是超强的自信。在这里，语言的风格大多是自信而活泼，而这样的风格主要是基于活动本身的内容而言。因为竞聘是展示自我风采，现场主持的每一句每一个词语自然都需要沾染喜气，才能有效地调动现场气氛，达到竞聘的目的。

他一生，朴实、耿直，他热爱党、热爱祖国，对待工作勤勤恳恳、兢兢业业、尽职尽责，他的一生是奋斗的一生，战斗的一生，光荣的一生。他的逝世使我们失去了一位好党员、好干部、好同志，也使孩孙们失去了一位好父亲、好爷爷、好外公。让我们化悲痛为力量，努力学习李同志的好思想、好品德、好作风，勤奋工作，不断开创教育工作的新局面。

这是一则葬礼现场的致悼词，语言肃穆而庄严，给人沉痛之感。葬礼本身的内容就是沉重的，因此按照这样的内容，现场主持的风格也需要庄严、沉重、肃穆，如此才能应景，从而烘托出现场浓浓的悲伤气氛。

小贴士

1. 话语风格契合活动主旨

在实际主持活动中，孩子们必须要以活动的内容来决定话语的风格，力求做到应情应景。

现场所举办的是什么活动，是婚礼、葬礼，还是晚会，这些都需要在确定话语风格之前了解到。不同的活动有不同的话语风格，主持人所做的就是尽可能的应情应景，这样才能达到调动现场气氛的目的。

2. 注意话语禁忌

在现场主持的时候，作为主持人还需要注意话语的禁忌，也就是哪些话是该说的，哪些话是不该说的。该说的要尽可能多说，不该说的则一句话都不要说，否则说了破坏气氛，主人家或听众也会顿生反感。

小小主持人基本语言表达

与播音员一样，小主持人也是语言工作者，孩子们通过语言传递信息、传播知识，与听众进行思想情感的交流。因此，为了让信息传播更准确、方便，作为主持人，语言需要更规范、纯正，这是对主持人的基本要求。在现实生活中，有的孩子普通话水平较低、语音不标准、语言不文明、方言泛滥、文理不通、逻辑混乱、语言不规范等。其实，这样一些语言方面的问题会直接影响到现场主持效果。所以，为了有效地促进现场主持活动的进行，孩子不仅需要语言规范，普通话标准，而且还需要声音圆润，悦耳动听，极富美感，这样才可以给听众带来心理上的愉悦感。

这是央视主持人王小丫在"3·15"晚会上的一段话：

大家能看出来，这种营销方式还是挺忽悠人的，难怪老人朋友会上当，在这里要告诉大家一个最新的消息，北京市的药监局最近已经查处了两起以夸张、夸大的口吻推销自己产品的案例。

说实在的，老年朋友容易对他们产生亲切感也难怪，因为他们太热情，太体贴，为了达到自己推销产品的目的，无所不用其极。所以在这里要给老年消费者朋友提个醒，凡是自称自己是包治百病的，您一定得慢着点，跟街坊邻居，跟自己的孩子商量点。在这里给孩子建个议，常回家看看，别让老人太孤独，更要提醒有些企业，在营销推销自己产品的时候，真还得实话实说，一是一，二是二，说话得靠谱，别让我们消费者雾里看花，真假难辨。

在这段主持人的话语中，我们可以看出语言亲切而朴素，准确而鲜明，就好像是邻家妹妹在向你讲述在消费时需要注意哪些问题，让听众更容易接受。

一个活动的基调是由活动的性质、内容等诸多因素构成的，它是活动各部分的思想感情的总和。而对于活动主持人来说，则需要运用语言来确定活动的基调，渲染主题，准确地表现出活动"思想感情的总和"。

对此,在现实生活中,对于小小主持人的语言表达有哪些具体的要求呢?

📩 小贴士

1. 语言要简洁

简洁,也就是不说废话,"丰而不余一言,约而不失一词"。在现场主持的时候,说话要简明扼要,言简意赅,听众最反感那些废话连篇的主持人。因此,孩子们需要培养良好的语言习惯,戒掉自己的口头禅,比如"嗯""啊""是吧""对不对"等病态词语,可以用一句话说清楚的,决不用两句话,重复内容只需一遍即可。

2. 语言要准确

主持人语言的准确性主要包括两个方面:一是普通话的准确,语音纯正;二是语言表达生动而不失规范、活泼而不失严整。在主持言辞多种多样的现代,作为一名合格的主持人,更应该强调主持语言的准确性。

3. 语言表达要富有感染力

有的孩子不管主持什么样的活动都是一个模板,原因在于没能弄清楚活动的基调。活动不同,基调也是大不相同的:有庄重严肃的,有亲切热情的,有轻松活泼的,也有风趣幽默的。主持人需要了解活动的主旨，熟悉活动内容，才能准确使用语言，把握活动基调，真正做到形神兼备。

讲好开场白，营造气氛

大家都知道，开场白给人的印象是最深刻的，往往能起到先入为主、吸引听众的效果。而精彩的开场白就会像磁铁一样，可以紧紧地吸引住听众，增强他们对活动的兴趣。那些有经验的主持人，他们开场的那几句话，多是反复推敲、认真琢磨才定稿的。因此，孩子在现场主持一定要有精彩的开场白，应该打破千篇一律的格式。比如，"现在开会，请老师导作报告""师生联欢晚会现在开始，第一个节目……"应根据活动的具体情况，或说说会议内容，或讲讲形式，或道道特点，或提提要求，或谈谈"历史上的今天"。总之，要因境制宜，灵活设计，最好在诙谐幽默之处，尽量来点乐趣，使听众能发出来自内心的微笑。

如某校邀请话剧《光绪政变记》中的慈禧太后的扮演者郑毓芝作演讲，主持人是这样开场的：

同学们，今天，我们好不容易把"老佛爷"慈禧太后请来了！老佛爷郑毓芝同志在戏台上盛气凌人，皇帝、太监、大臣见了都诺诺连声，磕头下跪。而在台下，她却和蔼可亲，热情诚恳。她方才和我谈起，还曾扮演过《秦王李世民》中的贵妃娘娘、话剧《孙中山》中的宋庆龄。她是怎样把这些截然不同的人物表演得栩栩如生的呢？下面就请她发言。

主持人很幽默地把发言人是谁，她的概况及发言的内容巧妙的介绍了出来。通常情况下，开场白的内容主要包括活动的背景、主题、目的、意义、程序。语言需要简明扼要，条理清楚，语调和主持人的表情都需要与活动气氛协调一致。

小贴士

那怎么样才能开口就博得满堂彩呢，下面我们就简单地介绍几种开场白：

1. 出口成章

主持人可以用富有启示性的语言、诱导性的语言，引导现场融入到活动氛围之中，让所有的听众集中注意力。开场白需要尽可能地避开死板的格式，让听众不知不觉间进入自己精心设计的"圈套"。

2. 直截了当

在开场白中，主持人可以直接点题，提纲挈领、要言不烦地将活动的内容、主题说清楚，让现场的听众明白这个活动的主旨到底是什么。

3. 借题发挥

在开场白中，主持人可以巧妙借题发挥，可以从活动的气氛，或是活动的主旨来调动全场的情绪，造成适宜活动开展的气氛，让现场的听众亢奋起来。

注意环节，讲好承上启下的语言

活动主持人的一项很重要的任务就是搭桥连接、过渡照应、承上启下，把整个活动连缀成一个有机的整体。孩子在这个过程中，能够通过自己较强的应变能力、卓越的口才、高超的组织概括水平，有条不紊地完成各项任务。

一个活动通常会分为几个环节，在每个环节都需要孩子说话，在每个环节"点"上所说的话语也就是承接性的语言。这时孩子需要灵活地把握这些承接性的语言，让整个活动连贯进行，否则上下不连接，就会分散活动的各个环节，给听众一种松散的感觉，以至于观众无法确定活动的真正主旨。

李强是班里的主持人，他希望能隆重地介绍一下新来的班主任江海河，于是灵机一动，自编谜语，打出了一张语言名片："现在请大家猜一则谜语：'水上人家，请猜某老师人名'。"

不一会儿，"江老师、江老师"的声音此起彼伏，江老师笑容满面地走到前台，频频招手致意。李强走了过来，递过话筒，请江老师说一句话。江老师笑着说："我的名字，三个都跟水沾边，有的学生称我为水老师……"

这时李强巧妙接过话题："我觉得，说江老师是'水老师'也不是没一点儿道理，江老师名字三个字带'水'，我也有一解——你们看，江老师来到咱们班开展工作是'如鱼得水'，他与在座各位同学的深厚感情真是'水乳交融'。"顿时，现场爆发出一阵热烈的掌声。

在这个案例中，主持人的巧妙连接语可谓是相当高明。当他瞥见江老师就在现场时，在毫无准备的情况下不露声色地完成了对江老师名字的谜语创作；主持人现场应变巧设这个环节，不仅有一定的娱乐性，而且为这位亲民的老师与学生见面创造了契机；在交流过程中，主持人察觉到"水老师"可能会产生歧义，因此快速用"如鱼得水"和"水乳交融"挽回了可能失衡的语势，也将晚会的气氛推向高潮。

主持人所用的连接语言起到了承上启下的作用，先对前面的发言或活动中最精华的部分予以概括和肯定，画龙点睛，为后面做好铺垫，然后按照后面活动的特点，渲染蓄势，让听众感到贴切自然，顺理成章。当然，由于活动的类型不一样，语境也不一样，是否采用这样的连接语言，连接语言是长还是短，这都需要按照实际情况而定，不能照搬理论。

那在实际活动中,孩子们通过什么样的语言来进行巧妙连接呢?

小贴士

1. 评议

虽然主持人不应该喧宾夺主,大发议论,但还是应该担负起"主持"的责任,在恰当的时候,需要对前面所说的话进行评议,适当地插话,引申纠偏。

2. 设疑

不同观点的讨论、碰撞可以把人们的认识引向深入,而智慧和情感的火花往往在碰撞中显现出来。因此,主持人要善于发现不同的观点,善于巧妙地控制对话的进程,设置疑问,引起听众对下面活动进程的兴趣。

妙语连珠,掀起活动高潮

一个活动仅仅有了精彩的开头和完美的结尾是算不上成功的。活动主持最精髓的部分还在于中间部分,因为活动最主要的内容是在这里,而且活动的高潮也是在这里。当然,活动在策划之初就相应地设置了一些高潮,但若是缺少了主持人的推波助澜,那高潮也难以迭起。

因此,在现场活动的主持中,孩子们要善于利用自己绝妙的语言,不断地营造热烈的气氛,力求在整个活动过程中,掀起一浪又一浪的高潮。听众最讨厌的就是活动从头到尾平平静静,不咸不淡,若是再继续呆下去,可能听众都要睡着了。对于听众来说,他们一直在等最精彩的部分,但由于有的孩子语言欠缺的关系,很多时候,听众们一直等到闭幕结束,都没能感受到最热烈的气氛。

红杏枝头春意闹,玉栏桥上伊人来,身披着洁白的婚纱,头上戴着美丽的鲜花,沐浴在幸福甜蜜之中的佳人在庄严的婚礼进行曲当中心贴着心、手牵着手,面带着微笑向我们款步走来。朋友们,让我们衷心的为他们祝福,为他们祈祷,为他们欢呼,为他们喝彩——鸣炮奏乐!

通常在婚礼活动中,高潮通常是在"拜堂"或男女双方深情对白交换戒指的时刻,因为这两个场面是最感人的,不仅仅让所有在场的宾客感动,而且身处其中的新郎新娘也会格外投入,于是台上台下互相感染,推动婚礼的高潮迭起。

在这个案例中,主持人妙语连珠,语言应情应景,感染了在场的每一位宾客,将整个婚礼推向了一个又一个的高潮。

在实际主持活动中,孩子们该如何妙语连珠地将活动推向高潮呢?

小贴士

1. 用极富感染力的语言渲染现场气氛

作为主持人，首先应该了解在活动的哪些环节是比较适合设置高潮的，然后按照实际情况的需要，在关键时刻，竭力用极富感染力的语言渲染现场气氛，起到推波助澜的作用，比如"在那一天，他失去了亲人，悲痛、无奈郁结在心里"，这样的语言需要配合适当的声调和表情，将听众带入到语境之中，应情应景，适时推动高潮。

2. 出其不意的语言

在实际活动中，有时候高潮是不容易设置的，有可能你认为讲得比较精彩的部分，听众却不以为然。这时就需要展现主持人较强的应变能力和卓越的口才了，或是在活动进程中灵感发言，或是设置悬念，以此制造契机，调动听众情绪，巧设高潮。

风趣的语言，缓和现场气氛

幽默风趣的语言，对于活跃活动气氛、打破沉默局面、调动听众情绪具有很重要的作用。平时幽默而风趣的孩子主持活动时，活动的气氛通常比较活跃、热烈，听众参与的积极性也相对比较高；反之，若是缺乏幽默的孩子主持活动，活动气氛则通常比较严肃、沉闷，而听众的积极性也很差。

因此，在主持活动的时候，孩子需要适当插入幽默的语言，增强说话的生动性、趣味性，有效地掌握前场变化。这会让听众在活动中获得放松，促使大家在轻松愉快的氛围中结束活动。有时在活动中经常会出现沉默、冷场、离题、争吵等情况的出现，这时孩子该怎么办呢？

在活动中，如果大家都不愿意起来发言而保持冷漠，这时作为主持人应该用幽默的话语引出活动的主题，也可以点名现场的嘉宾带头发言，以此带动听众的积极性，从而打破沉默的局面，比如"李磊同学，我想你应该早就想好了发言的内容，正在那里跃跃一试呢，我们可等着你的高见呢"，几句风趣的话语立即就缓和了现场的气氛。

有位老师应邀到北京某大学中文系作家班举办学术讲座。在谈到自己喜好的诗作时，准备朗诵一段，可是诗稿放在一个学员的课桌上，老师便走下讲台去拿。教室是阶梯式的，老师上台阶时，一不留神一个趔趄倒在第二级台阶上，不少学员哄堂大笑。那位老师脸红了，这时与老师一同前来的主持人接过了话筒，指着台阶说："你们看，上一个台阶多么不容易啊，老师希望告诉我们这样一个道理：生活不容易，作诗也不容易。"那位主持的话语顿时赢得了满堂的掌声。

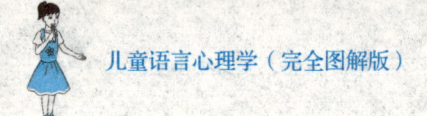

这时他笑了笑，接着说："一次不成功不要紧，再努力！"在他说话的时候，那位老师已经恢复了平静，微笑着走上了讲台，开始自己的讲座。

那位主持人巧妙地化解了老师的尴尬，当然，在这个过程中，那位说话风趣的主持人也给下面的学员留下了深刻的印象。幽默是一种说话的艺术，需要我们注意在现场主持活动中察言观色，适时幽默几句，这样就能有效地掌控前场变化了。

如何在主持中适时地运用幽默的言辞呢？

小贴士

1. 别牵强

幽默要真正实现效果，最好是自然而然地流露，而不能勉为其难地去逗观众笑。幽默是在广泛的社会经验与深厚的知识素养的基础上自然的风度表现，是不能强求的。

2. 看场合

大部分主持活动中，幽默都是可以用的，但有些场合，比如主持葬礼的时候，则需要拒绝幽默，不然会让人觉得不合时宜。不同的听众所能接受的幽默方式与内容也是不同的，幽默要有针对性。

3. 讲文明

幽默是高雅的，忌用粗俗语言。幽默是体现风度与修养的，是高雅的语言艺术。如果用一些粗鄙流俗的语言来调动、活跃现场的气氛，不但不能取得幽默诙谐的效果，反而会让听众觉得庸俗不堪。

高度概括活动总结发言

经常参加一些活动的孩子们对主持人的结束语都已经耳熟能详了，通常是："今天的活动圆满结束了，活动办得很好，活动的精神非常重要，尤其是老师的讲话，总结了上半学期的情况，指出了目前存在的问题，对下学期学习作出了部署和安排，同学们散会出去以后，需要深刻领会，认真研究，抓好贯彻落实，切实把学习放在第一位。"这些话就好像公式化的套路，千篇一律，听众不爱听，就连主持人自己都说腻了。孩子在一个活动结束时应该选择新颖的话来作总结，精妙的结束语将会为整个活动带来不一样的色彩。

在活动即将结束的时候，孩子要对活动的有关情况及所取得的成果进行全面、客观的总结，对那些不能确定的或还没解决的问题作出解释。对活动总结得怎么样，是衡量主持人水平高低的重要方面。有的孩子会将活动的有关情况总结得很精炼、很概括、很有高度，让听众一听就明白。而有的孩子则不善于总结，不是重复别人说过的话，就是说一些不着边际的话，不够精妙，缺乏深度，这样的活动总结语就好像一颗老鼠屎破坏一锅汤，会让整个活动都黯然失色。

金秋十月，秋风送爽，秋天是收获的季节，在这浓浓秋意中，我们的会议虽然短暂但非常务实，相信与会的中日双方企业之间已经建立起了一条联系的纽带，一座互信的桥梁。在此我们衷心的祝愿双方企业都能以此为契机，找到彼此的合作伙伴，为企业的革新，为医药产业又快又好地发展注入新的能量。

这段话总结了会议的基本情况，会议的进程及表现，就进行了哪些议程，办了哪些事情，办得怎么样，与会者的参与程度等情况向与会者作出说明；除此之外还有会议的主要收获，通过这次会议统一了哪些思想，提高了哪些认识等；最后对未来提出了衷心的祝愿，整个会议也圆满地画上了句号。

在实际活动中，我们该如何做总结性的发言呢？

小贴士

1. 用鼓舞人心的话语做总结

在对活动不作全面总结的情况下，用鼓舞人心的话语作总结，对听众提出希望和要求，号召听众为实现某个目标或完成某项任务而努力工作。

2. 直接叙述

主持人在活动结束最后可以简单地概括活动进行了哪些事情，达到了哪些目的，解决了什么问题，加深听众的印象。比如"这次会议传达学习了某某文件，研究讨论了某某决定，某某领导作了重要讲话……"

3. 简要归纳

主持人在简单回顾活动的基础上，对整个活动进行高度的归纳、概括。比如"我们这次会议开得很成功，概括起来有几个特点……"或者"我们这次会议形成了几个方面的认识……"

结束语的"言有尽而意无穷"

在活动结束的时候，主持人的语言要给人一种"言有尽而意无穷"的感觉。一场活动的结束必须要有意味深长的结束语才能画上完美的句号，活动的结束语与主持的开场白是遥相呼应的，它对整个活动来说是很有必要的，对美好的赞颂及对充满灿烂的明天的渴望也是很有必要的，还有一些对主办单位的祝愿。在活动结束的时候，孩子在感谢之余，可以说一些可人温婉的话语，拉近与听众之间的距离，同时也让听众对整个活动留下深深的印象。

鲜花为感激夏的到来竞相开放，硕果为感激秋的临近挂满枝头。自然界尚且如此感恩，人更应该具有感恩之心。今天下午的感恩励志活动，触动了我们的内心深处，使我们都非常感动。

古人说："滴水之恩，当涌泉相报。"感恩是我们民族的优良传统，也是一个正直的人的基本品德。"赠人玫瑰，手留余香"，一个常怀感恩之心的人，会自觉地给人以帮助。而那些不会感恩的人，带给社会的则是冷漠和残酷。

让我们对老师、家长、祖国由衷地说一声感谢：感谢他们为我们提供了这么好的学习环境，使我们能健康快乐地成长。让我们从现在开始，努力学习，相信自己，要对得起老师对我们的爱，对我们的信任，不辜负老师和家长对我们的期望，长大之后做一个对社会有用的人，做一个堂堂正正的中国人。

最后，让我们再次以热烈的掌声感谢张老师的精彩讲话，今天的感恩励志活动到此结束。

虽然，这个感恩励志的活动结束了，但在最后留给大家那意义深远的话语的余音却会永久地在那些孩子心灵上回荡。每一个活动都有其主旨，也就是这个活动需要达到什么样的目的，或教育，或启示，或祝愿，等等。即便这个活动结束了，但听众通过这个活动所收获的东西却是永远的，而这就需要主持人将这样的感觉融入到结束语中，通过意味深长的话语，留给听众深深的启发。

📩 小贴士

1. 留下悬念

在古代小说中，作者每每结束一个小故事的时候，通常会说"欲知详情，且听下回分解"。这样就留给听众一个悬念，而在活动结束的时候，主持人也可以采用相同的方法。比如"如今社会这样的现象是普遍的，但产生这样现象的原因却是难以理解的"，以此把问题抛给听众，留给大家一定的思考空间，从而增强语言的表现力。

2. 以富有哲理的话作为结束语

如果主持人觉得自己说不出意味深长的话，那也可以借用别人的语言，如名言警句，或者说那些很有哲理的话作为结束语，以此给听众一个回味的空间，使其细细体味话语带来的启示。

第8章

即兴口语表达,好口才信手拈来

参加日常培训有助于孩子语言表达能力的提升,同时父母需要在家里时时刻刻引导孩子,创造有助于孩子表达的场景和氛围,有意识地锻炼孩子的思维,时间久了就能让孩子养成良好的即兴表达习惯,说话出口成章。

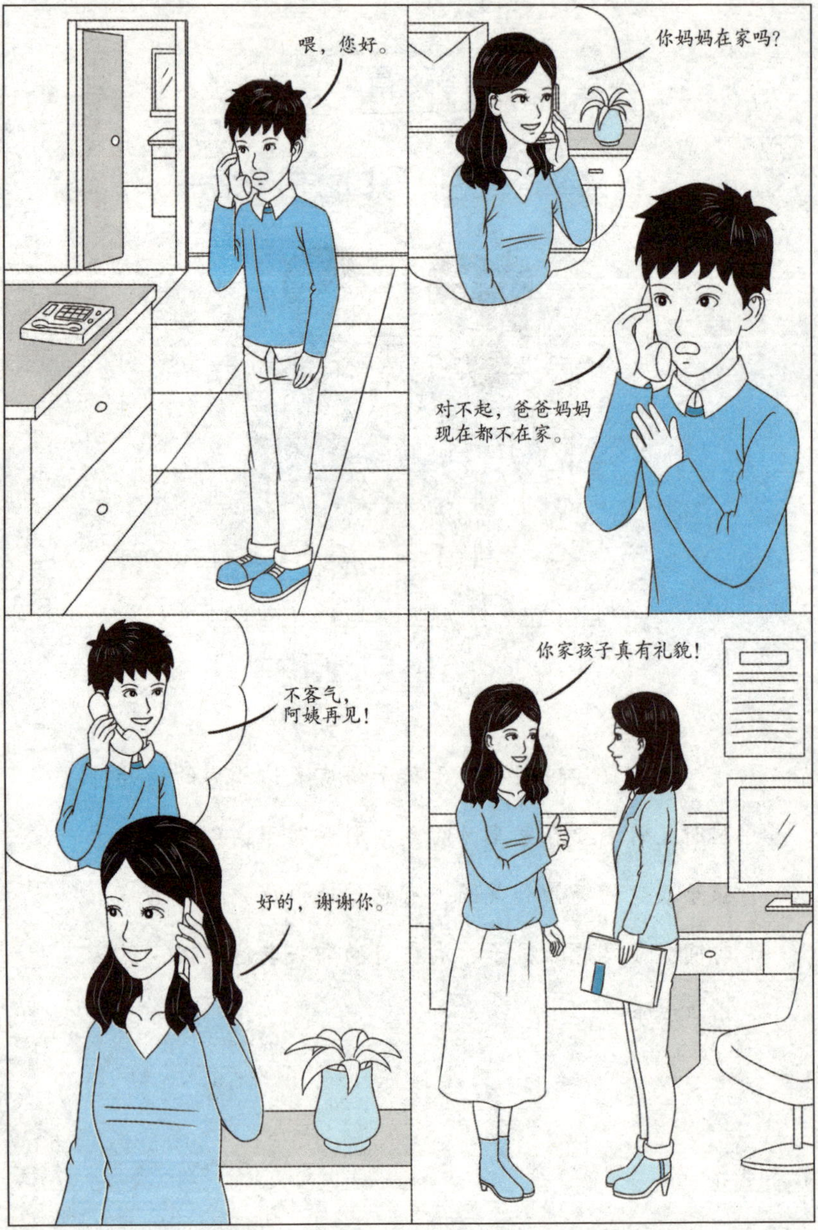
喂，您好。
你妈妈在家吗?
对不起，爸爸妈妈现在都不在家。
不客气，阿姨再见!
好的，谢谢你。
你家孩子真有礼貌!

选好话题，张口就来

即兴讲话是说话的一种方式，孩子们在班会、讨论会、辩论会、礼仪活动、外出参观学习时，经常需要作即兴讲话。所谓的即兴讲话，也就是随手拈来，没有现成的讲话稿，也没有多少时间准备，容不得说话者深思熟虑，仅仅是靠现场思考及临场发挥，而且说出去的话就犹如泼出去的水，容不得半点掩饰和修改。

因此，我们可以毫不夸张地说，即兴说话是对说话者心理素质、应变能力、说话水平、文化修养等综合能力的考验。正因为这样，即兴讲话具有这样三个特点：突然性、临时性和不确定性。这让许多人对即兴讲话都恐惧不已，他们根本不知道在哪种场合该讲哪些内容。

兵兵在爷爷的生日宴会上，说了这样的话："今天我要送给爷爷两句话：'大德必寿，美意延年。'意思是说有高尚品德心情愉快的人会延年益寿。养生不仅仅是一种健身手段，更是一种人生哲学。爷爷平时自称'五乐老人'，即助人为乐、知足常乐、自得其乐、与众同乐、苦中求乐。我要说，爷爷的'五乐'应当再加上一乐——为善最乐，你是六乐老人！"

在这里引出了"大德必寿,美意延年"这样的文言古语,顿时彰显出浓厚的文化氛围,而且围绕了"祝寿"这个主题,又跳出了一般祝寿的俗套语言,这一番话说得老寿星心花怒放。

那如何巧妙地选择即兴讲话的话题呢?

小贴士

1. 选择借题发挥的话题

如果实在没有什么话说,或者是讲不下去了,你也可以选择一些可以借题发挥的话题。在活动中,你可以借人名、地名、前者的讲话内容、活动的氛围、自然景物等,只要是符合这个活动的主题,那就可以放心地使用。

2. 选择与主题活动相关的话题

任何一个活动或会议都有自己的主题,即兴讲话就需要围绕这个主题,否则你的讲话就会让大家感到不知所云,甚至会偏离整个活动的方向。当然,讲话除了需要顺应当时的语言环境以外,还需要按照听众的特点,包括文化素养、思想水平、性别、年龄等来选择一个话题。

3. 选择有新意的话题

即兴讲话讲得好不好,是否有水平,主要取决于讲话有没有新意,话题是否给人以耳目一新的感觉。假如你总是老生常谈，讲来讲去就去那么几句老话，听众就觉得厌烦。因此，在选择话题的时候，需要独辟新径，不要将别人讲过的话题拿过来再说。

4. 选择听众感兴趣的话题

讲话的对象当然是听众，讲话的效果如何，取决于听众的反映。因此，当孩子选择话题的时候，还需要考虑这是否是听众喜欢听、感兴趣的话题。假如听众根本不感兴趣，即便你说得再精彩，也没人愿意听。所以，即兴讲话要尽可能地选择一些与听众关系紧密、听众熟悉，同时能给人启发的内容作为话题。

精彩的开场白，语出不凡

即兴讲话需要有精彩的开场白和语出不凡的开头，这能唤起听众的兴趣和求知欲，产生巨大的吸引力，从而紧紧抓住听众的心，让听众非听下去不可。另外，精巧的开场白，可以画龙点睛地勾勒出话题的主旨，能自然顺畅地引领下文，将听众带进声情并茂的讲话情景中去，这有利于听众形成接受说话内容的心理定势。

一个好的开场白是很重要的，假如没有一个好的开头，想在整个讲话过程中始终保持轻松、巧妙的状态是很不容易的。

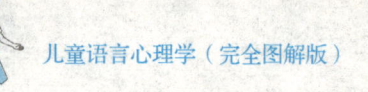

一个拥有讲话经验和丰富学识的孩子，都很重视即兴讲话的开场白。其实，原因很简单，开场白是讲话者向听众出示的第一个同时也是最重要的信号，能不能抓住听众的注意力，激发他们倾听的兴趣及积极性都取决于讲话者最初发出的信息。

一位监考老师在监考开始时说："同学们，考试就要开始了。大家都是久经沙场的老战将，对考场纪律、考试规则都可以倒背如流，我就不再重述了。我作为一名监考者，既是一名服务员，又是一名裁判员。我将给大家提供最佳的服务，只要你举起一只手，我必定回报：'我来了'，不敢有丝毫的怠慢；但裁判员的身份又要求我是公正的，望我们互相关照，请原谅我的公正和严厉。最后祝大家考出优异的成绩。"

这段开场白说得非常美妙，犹如和煦的春风，使学生紧张恐惧的心情平静下来，从而进入最佳的心理状态；又沟通了监考教师和学生的心，二者之间对立的情绪烟消云散，使学生树立起自觉遵守纪律的主人翁意识。

那在实际的即兴讲话中，我们如何选择精彩而吸引听众的开场白呢？孩子可以采用下面几种方式。

小贴士

1. 顺手拈来式

顺手拈来式，就是接过别人的话头，顺势发表讲话。这样的即兴讲话可以连接前一位发言者的讲话，也可以顺势发表自己的见解。但是需要找到前面发言者和自己的所讲话题的切合点，才能巧妙地使用。

2. 自我贬抑式

自我贬低式的开场白，也可以使气氛更轻松活跃。开场白虽然采用了自我贬损，但效果正相反，不但表现了讲话人的坦率幽默、机智随和，而且也让讲话人备受听众的欢迎。

3. 自我介绍式

即开头自我介绍，可以介绍自己的姓名、身份、职业、经历、爱好或表明自己的立场观点。这种开头形式给人一种诚挚、坦率的感觉。

4. 开门见山

就是一开始就用高度凝练的语言把基本的目的和主题告诉听众，引起他们想听下文的欲望，然后再接着在主题部分加以详细的说明和阐述。这是一种提挈纲领式的手法，立即进入正题，不迂回，不啰唆，不说任何赘言。

精妙构思，即兴讲话

孩子在宴会或集会上的即兴讲话，比拿着稿子的讲话更难。因为写文章可以反复推敲，定稿以后才发表；而讲话就有"一言既出，驷马难追"之虞。即兴讲话容不得深思熟虑，斟词酌句，全靠孩子思维敏捷地临场发挥，这就增加了即兴讲话的难度。因为孩子在讲话之前，就需要快速地做好准备，以便于在讲话时能轻松自如地运用，而这些准备的内容包括话题、语言、中心思想等。但整个构思过程的时间是很短的，有可能几分钟，甚至是几秒钟。这时考验的就是孩子本身的应变能力及思维能力，但仅仅凭着这些能力还不足以应付即兴讲话这样的场合，还需要具备一定的方法和技巧。

考场，检验你水平的地方。你会什么，不会什么，付出了多少努力，可在考场中一展无余。朋友，你想过没有，生活也在不断地对你进行考试，无论何时，无论何地。曾经听过这样一个真实的事：某学校在考场门前故意放了一只黑板擦，观察能有哪位同学拣起它。有的人慌慌张张跑入考场，根本没有留意到有一只黑板擦；有的人看到了，把脚轻轻一抬，视若无睹地跨过去了；有的人对着挡路的黑板擦骂了一句，泄愤地踢了一脚，大步走过去了。没有一个人想到捡起这只黑板擦。这也是一个考场，是一次没有试卷的考试。考试的结果是：所有人都不及格。

这样的考场，这样的考试，有意无意之中，你经历了多少次呢？从童年到少年，从青年到成年，你成长的每一步，人生都在设着一个个考场！只是成绩不是用笔写就的，而是你自己的行为写成的。在你学走第一步路时，在你学说第一句话时，在你学会写第一个字时，在你经历第一件事时，你也经历了一次考试。不经意中，我们经过了无数次考试。或成功，或失败，或跌倒，或胜利，你都是在面对生活的一次次考试中磨练了自己的才干和人格。

这篇学生即兴讲话，篇幅不长，在正式讲话时估计只需要花两三分钟就能讲完，但允许构思的时间却是很短的。即兴讲话的准备时间虽然不多，但不管怎么样，也应该围绕话题，快速地在大脑中构思一个简单的讲话提纲。比如开头怎么讲，讲些什么；主体部分讲几个观点，把观点概括好，用关键词、关键句将其列出来；如何结尾等。

如何才能快速地构思讲话内容，瞬间打好"草稿"呢？

小贴士

1. 确定好主题

对于经常公开讲话的孩子来说，在讲话之前的短时间里，就需要按照活动现场的相关情况而确定好讲话的中心内容，先讲什么，后讲什么。而对于那些缺乏经验的孩子来说，可以在讲话之前将自己的中心内容浓缩，归纳出几个要点，避免讲错或讲漏了。

2. 概括出观点

在即兴讲话中,观点主要是来证明话题的,是为话题服务的。因此,在讲话时要有正确、鲜明、集中的观点。那些与话题无关的观点,会让整个讲话偏离活动主题,而那些与话题相悖的观点,则会让你的讲话自相矛盾。即兴讲话的核心就是观点,这一个或几个观点将贯穿于讲话的始终,并起着纲领性的作用。

3. 组织好语言

语言是即兴讲话的基础,假如孩子能够概括出句群,那联系几个句子就可以成为一段话,这样一来,讲稿就出来了。比如,在讲话之前,你需要考虑:这次活动的重要性;活动的特点;应突出抓好哪几个环节;怎样切实抓好落实。只要考虑好这些问题,你就可以冷静地边想边讲,将整个讲话分成几段,每段分为几条,并围绕这几条展开联想,或适当补充,那孩子就可以有条不紊地进行即兴讲话了。

4. 运用事实、材料分析

即兴讲话无法事先作充分的准备,完全依靠随机应变。而运用一些事实、材料分析,无外乎两个方面:一是孩子平时的积累;二是眼前的人和事。无论哪方面的材料,都要尽量选用观点有力的说明材料。材料是作为论据来说明观点的,因此要注意选择那些能够反映观点、支持观点、说明观点的材料。只有这样的材料，才能与观点有机统一，使观点更加形象，更加有说服力。

短小精悍，一鸣惊人

即兴讲话有一个明显的特点是：突出重点，篇幅短小精悍。即便孩子准备好了长篇大论，也没有多余的时间留给他们讲话。在许多活动场合，即兴讲话通常都是很短小的，有的可能是三五分钟，有的则只是寥寥数语，因为讲话的目的只是为了迎合活动的需要，换句话说，其实就是突出重点，千万不要觉得自己口才水平还可以，逮着时间就开始长篇大论，唯恐那几句语言无法表达出自己内心的想法。

实际上，即兴讲话通常是在活动或会议现场进行的临时讲话，这将意味着讲话并不是整个活动的主旨，而只是活动或会议的一部分，如果你占据了太多的时间用来即兴讲话，那无疑是本末倒置，而且听众也会对你那自以为了不起的讲话感到很厌烦。

在剑桥大学的一次毕业典礼上，整个大礼堂里坐着上万名学生。他们在等候伟人丘吉尔的到来。在随从的陪同下，丘吉尔准时到达，并慢慢地走入会场，走向讲台。

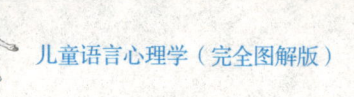

站在讲台上，丘吉尔脱下他的大衣递给随从，接着摘下帽子，默默地注视着台下的观众。一分钟后，丘吉尔才缓缓地说出了一句话："Never Give Up！"（"永不放弃！"）

说完这句话，丘吉尔穿上了大衣，戴上帽子，离开了会场。整个会场鸦雀无声，霎时间掌声雷动。

这是丘吉尔一生中最后一次演讲，也是最精彩的一次演讲。他仅仅用了几个字，就将自己要演讲的内容说了出来，语言贵精不贵多，丘吉尔就是用简洁的语言达到了这个目的。

当然，即兴讲话不需要长篇大论，也并不是说你只需要两三句话就搞定，根本不需要考虑什么重点。在即兴讲话中，不仅需要篇幅较为短小的讲话，而且需要一个能凸显出重点的讲话。但若是胡乱扯了几句，即便简短，但毫无重点，那这样的讲话也是失败的，吸引不了听众。在这里，我们可以说：即兴讲话其实就是浓缩的精华。

📩 小贴士

1. 突出主题

无论在什么场合，什么时候的讲话都需要有自己的主题，这个主题与现场的活动或会议是密切关联的。即使你只说了简单的几句话，那也需要显现出话语的重点，或表达自己心情的喜悦，或表达对当事人的祝福等。

2. 将语言尽可能地浓缩

即兴讲话最多也就是三五分钟，太冗长的讲话会令人生厌。因此，在发表即兴讲话之前，需要尽可能地浓缩自己的语言，言简意赅，只要能将话说到点子上，哪怕只有一句话也行。

大众化语言，迎合听众需求

即兴讲话要注意语言的通俗化，就是要适合听众的接受水平，尽量使用大众化语言，讲通俗易懂的话，更容易让人理解和接受。在讲话的时候，需要深入浅出，用大实话诠释大道理；要追求喜闻乐见，迎合听众需求，激起听众产生共鸣，增强感染力、吸引力；语言要体现形式多样，增强直观性、体验性、娱乐性。假如发表即兴讲话时总是长篇大论，讲着高深莫测的道理，虽说经常引经据典，却略显生硬，甚至套话连篇。这样的即兴讲话往往事倍功半，下面的听众也如同坠入云雾，难知所云。

当然，通俗并不是庸俗。它主要是指语言的朴素、自然，接近大众，不装腔作势，没有八股腔调，没有呆板的说教，更富有启发性和吸引力。有时候，通俗化的语言更能够有效地向听众传达一些讯息。许多孩子只是单纯地求奇、求新而卖弄辞藻，用了一些艰涩的专业术语，这让听众听起来十分吃力。而那些老一辈的革命家，他们讲话大多是通俗易懂，生动活泼，话语中没有多少华丽的辞藻，但听众却是一听就懂。

在井冈山斗争前期，许多同志对中国革命的特点都不太明白，也不懂什么叫游击战术。为了让革命同志们能够迅速地摸透复杂的战术，毛泽东简明扼要地将其概括为"十六字方针"，即"敌进我退，敌驻我扰，敌疲我打，敌退我追"，并在一次会议上进一步解释道："打仗行军就是一门学问，打得赢就打，打不赢就跑，赚钱就来，蚀本不干。"

毛泽东同志这番对游击战术的解释，讲的都是生活中的大白话，既浅显易懂而且还好记，即便是没有文化的革命战士也能听得明明白白。如果孩子们在即兴讲话时也这样，将深奥难懂的理论简明扼要地用大白话概括出来，然后逐一讲解，相信下面的听众就再也不会有似懂非懂、云里雾里的感觉了。

那在即兴讲话中，如何才能做到通俗易懂、深入浅出呢？

小贴士

1. 讲大众话

即兴讲话，应该多贴近生活，多沾"泥土"气息，多点平和之气，多说一些务实、亲民、通俗易懂的"民语"。其实，贴近听众生活的语言才是最为生动鲜活的，因此在讲话中不妨适当引用一些在生活中广为流传的俗语、谚语、顺口溜等大众语言。

2. 讲明白话

即兴讲话首先就是靠人的听觉接受的，要想让听众听得清楚、听得明白，讲话者就要尽量少用那些晦涩难懂的书面语，多讲一些通俗易懂的明白话。语言要做到通顺流畅、语气自然、节奏明快，说出来朗朗上口，下面的听众听起来也就"心旷神怡"。

3. 讲实在话

有的孩子在即兴讲话时，就是不会讲实话，只会教条式地把一些话搬出来，显得空洞无味。其实在发表即兴讲话时，你可以用生活中很浅显的道理来表达自己的想法，实实在在，就会让人清楚地明白想要表达的意思，尽量多讲实在话，少说一些冠冕堂皇的矫饰。

语言之外的肢体语言

在公开场合说话，孩子通常需要将有声语言与非有声语言全面地展现出来，因此说话时一般使用的是站姿，而在他前后没有任何的依靠性物体，那是自然的站姿还是挺拔的站姿呢？

这两者需要互相结合，形成最佳的站姿。无疑最佳的说话姿势就是站姿，这是因为站着可以全面展示孩子的口头语言、肢体语言及体态语言。

早在两千年前一位古罗马的政治家、雄辩家就说过："一切心理活动都伴随着指手画脚等动作。双目传神的面部表情尤其丰富，手势恰如人体的一种语言，这种语言甚至连最野蛮的人都能理解。"当众说话，孩子经常所使用的就是手势语言了。手势是体态语言的主要形式，使用频率最高，而寓意深刻、优美得体的手势动作，常常能产生极大的魅力，激发听众的热情，加深听众对说话内容的理解，促成说话的成功。

手势动作只有在与口语表达密切配合时，其所表达出来的意义才是最生动形象的。随着说话的内容、自身的情感及现状，说话者的手势会自然而然地表现出来。不仅如此，手势还应该与有声语言、面部表情、身体姿态紧密配合，保持一致，千万不能硬生生地刻意摆弄手势。假如在说话时手势泛滥，会让听众眼花缭乱，颇有哗众取宠之嫌。当然，如果孩子说话完全不使用手势，只是把双手摆在固定的位置，那无疑显得呆板、缺乏活力。

在这里，我们列举林肯式的抒情手势。

赫恩登作为林肯的老朋友，曾说："林肯对听众恳切地说话时，那瘦长的右手自然地充满着强大的力量，一切思想情绪完全融入其中。为了表现欢乐的情绪,他会把两手臂举成五十度的角,手掌向上,好像已经抓住了那渴望已久的喜悦;而说到痛心的时候,比如在痛斥奴隶制的时候,他便会紧握双拳,在空中用力地挥动。"

林肯所使用的抒情式的手势,这是一种抽象情感很强的手势,在说话中使用的频率很高。依据手的不同形状及活动部位,手势动作还可以分为手指动作、手掌动作及握拳的动作。对于这些手势我们需要细心辨认及掌握,因为它们具有多种复杂的意义。随着部位、幅度、方向、缓急、形状、角度等的不同,手势所表达的思想含义及感情色彩也会有所不同。在实际说话中,我们不应该拘泥于某种固定的模式,而是依据说话内容的需要,从而灵活地运动不同的手势。

说话的手势千变万化,没有一个固定的模式。作为一个出色说话者,平时要认真观察生活,刻苦训练,并且付诸于实践。在这里,我们可以列举一些常见的手势:拇指式,竖起大拇指,其余四指自然弯曲,表示强大、肯定、赞美、第一等意思;手切式,五指并拢,手掌挺直,表示果断、坚决、排除之意;手包式,五指相夹相触,指尖向上,用于强调主题和重点,也表示探讨之意;食指式,食指伸出,其余四指弯曲并拢;食指、中指并用式,食指、中指伸直分开,其余三指弯曲,前英国首相丘吉尔就经常使用这样的手势。当然,诸如此

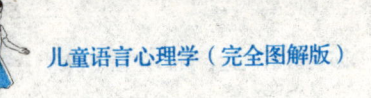

类的手势还有很多很多，在这里我们就不一一列举了。

当众说话，自然而安稳的手势，可以帮助孩子平静地说明问题；急剧而有力的手势，可以帮助孩子升华感情；含蓄的手势，可以帮助孩子表达内心的想法。

如下就是运用手势的几个原则。

小贴士

1. 表达感情的手势

随着感情的变化，手势也发生明显的变化，也就是我们上面所说的林肯式的手势。这种抽象情感很强的手势，在演讲中运用频率最高。比如，兴奋时拍手称快，恼怒时挥舞拳头，急躁时双手相搓，果断时猛力砍下。

2. 惯用手势

任何一个人在说话的时候，都有一些只有他自己才有而别人没有的惯用手势，手势的含义不明确、不固定，随着说话内容的不同而体现不同的含义。比如列宁说话喜欢挥动右手用力一斩，而孙中山先生说话时常常拄着手杖，这些手势形成了他们独特的形象。当然，说话手势需自然、协调、精简、富于变化、前后统一。

3. 模拟手势

模拟手势的特点是"求神似，不求形似"，因此有一定的夸张色彩。它可以在说话过程中运用，说到某件事情中的某件物品而用手势把此物模拟出来，这样的手势信息含量很大，从而升华了感情。

4. 指示性手势

指示手势是用来指示具体真实形象的，分为实指和虚指两大类。实指是说话者的手势确指，它所指的人或事或方向均是在场的人视线所及的；虚指是指说话者和听众不能看到的。指示手势比较简单，不带感情色彩，比较容易做。

接打电话时，注意使用规范语言

现代的孩子很小就有了手机，但在接打电话时却容易忽视礼节。在电话中交流与平时闲聊不一样，电话起到的主要是通知和沟通的功能，应该像书面书写或者正式场合的见面一样，要有一个规范的程序，至少讲话时要使用规范的语言，使电话沟通简明、顺畅，给对方留下一个好的印象。

电话交流讲究的是效率和明朗，孩子最好能在打电话前做好一些准备搜集一些资料，如果对方在电话中说不明白，可以直接用询问的方式，把重要事情弄清楚，总之不要啰嗦和拖沓。

怎样使用电话进行快速有效的交流呢？孩子们必须要遵守

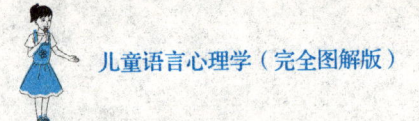

的电话使用规则如下。

小贴士

1. 选择合适的时间

当你准备给某人打电话的时候，首先应该确定一下这是不是合适的打电话时间。一般的私人电话，除非是非常紧急的事情，都应该在白天8点之后，周末9点以后，晚上要在9点之前拨打。晚上9点以后最好不打私人电话，以免打扰对方的睡眠。一般来说，中午也不是打电话的合适时间，因为有的人会有午睡的习惯。

2. 打电话确认对方身份

打电话时需要再一次确立对方的身份，你应该说"请问，您是某某同学吗？"或"请问，这是某某的家吗？"等到肯定的答案（回答）之后，再与之说明打电话的原因。如果你打错了电话，应该马上向对方致歉。电话交谈的时间，除了煲电话粥，一般不宜过长，以免影响对方生活。在与对方结束通话后，应该先等对方挂断电话以后，再把话筒轻轻地放下。

3. 接电话做好自我介绍

接起电话或显示电话打通了，首先要彼此明确身份，在简单的您好之后，可以简单介绍说这里是某某家里，告诉对方你的身份同时确定对方的身份。如果是私人电话，最好能告诉对方自己的名字和与对方的关系，如果对方不认识你，那就麻烦了。

这样做不仅仅有利于通话的顺利进行，更是对对方的一种尊重，也是一种礼貌的行为。同时确定一下对方是否是你要找的那个人或那个单位。

4. 寒暄客套

确定了通话双方的身份以后，最好客套一两句，比如"打扰您了"或者"很高兴能与您通话"之类的话语，客套不要过长，否则很容易引起对方反感。如果是进行比较长时间的通话，可以先问一下对方有没有时间或者是否方便。如果对方正有一个重要聚会，你却在电话里东拉西扯，耽误一分钟，对方也会不高兴。

5. 说正事要尽量简单明了速战速决

电话用语一定要言简意赅，把需要陈述的内容用最简洁明了的语言表达出来，可以给人留下一个精明干练的印象。即使打私人电话也尽量先说正事，然后再沟通感情，让对方对你的"正事"先有一个印象，切忌说话吞吞吐吐、含糊不清、东拉西扯，语言要凝练，表达方式要明确，不要加一些"嗯""啊"之类的助词，或者说些套话。如果在电话里说不清楚的，或者需要占用过多时间的，最好先电话通知一下，然后告诉对方用电子邮件详述或者见面时候再详谈。

电话一般只起通知、邀约、无分歧沟通、小请求的作用，通话的时间不宜过长，一般以3～5分钟为好。所以有分歧的沟通或请求最好不要通过电话进行，这也是对别人的一种尊重。

如果是私人电话，不妨再加上一两句联系感情的话，避免对方以为你打电话就为了说事，过于无情。如无必要，最好不要用电话长时间聊天，即使是亲人朋友也如此。

6. 电话道别

在说"再见"之前，最好有一个暗示或者预警，比如"就这样""某日几点在哪见面，然后再详谈，您看这样好吗？""这次通话很愉快""请您转达，谢谢"等，这些话是通话结束的信号，也是对对方的尊重，总之最好不要刚说完事就直接挂断电话。

第9章

练好台下功,孩子出口成章

俗话说:"腹有诗书气自华。"有时候,孩子也想妙语连珠,出口成章,但就是肚子里没货。所以,练好台下功,孩子才能出口成章,要做到这一点,孩子不仅要具备渊博的学识,更重要的是要有深厚的语言积累。

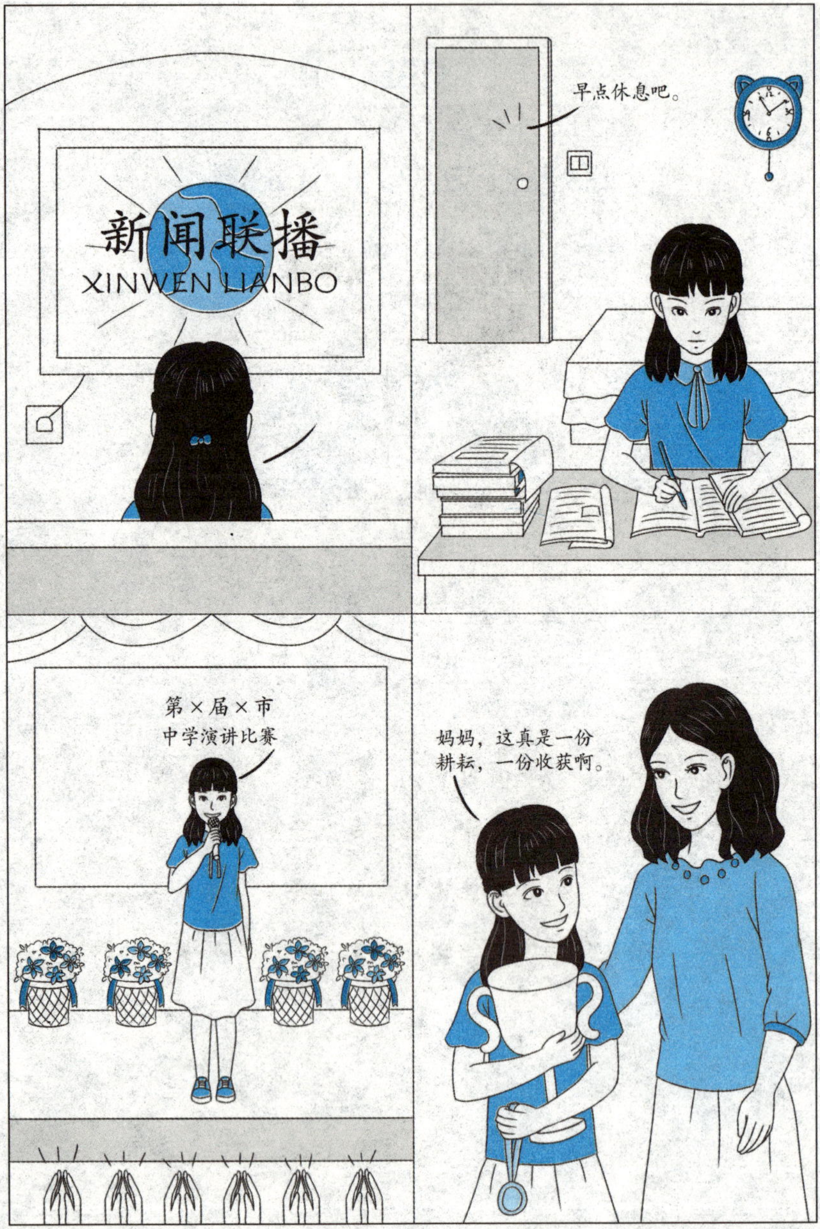

新闻联播
XINWEN LIANBO
早点休息吧。
第×届×市
中学演讲比赛
妈妈，这真是一份
耕耘，一份收获啊。

让孩子每天花三十分钟阅读书籍

读书为我们开启了探究过去、现在、未来奥秘的大门；读书引发高雅的谈话，可以培养高尚情感及思维的深度；读书可以促使我们关注生活，重视生命意义。假如孩子不爱读书，那需要激发他们读书的兴趣。可以说，兴趣是最好的老师，我们每天愿意花两个小时看电视，却不愿意花30分钟看书，这就是我们现在的读书状态。对许多孩子而言，喜欢读书，学习阅读是一种缓慢、困难的过程，不过，只要我们每天坚持读书30分钟，时间长了，就会成为习惯，习惯久了，就会成为一种自然，那读书也就会成为我们生活中的一部分。

毛泽东同志一生酷爱读书，从青年到老年，即便是重病缠身、生命弥留之际也从来没有放弃过学习。他读书所涉猎的领域极其广泛，文、史、哲、军事、自然科学等，可以说是古今中外，无所不至。

有一年夏天，毛泽东同志到了武汉。夏天的武汉有火炉之称，但毛泽东同志却坚持每天看书。由于书上的字比较小，只好加大照明度，这样房间里的温度就更高了，汗水不停地顺着他的额头往下淌。这时工作人员急忙送上了毛巾，请他把汗擦一擦。毛泽东同志接过毛巾，风趣地说："读书学习也要付出代价，流下了汗水，学到了知识。"

他十分喜欢阅读古典文学作品，比如《水浒传》《西游记》《三国演义》《红楼梦》等书他都读过很多遍，对那些古典小说中的许多历史人物、故事、典故都相当熟悉，这让他的语言充满了典故且妙趣横生。

如果你还在为毛泽东同志那精辟的讲话感到敬佩的话，那想必现在你应该明白了为什么他会有如此高的讲话水平。对于孩子们来说，就算不是为了追求"黄金屋""颜如玉"，但通过读书，确实可以达到提高说话水平的效果，我们可以这样说，"书中自有影响力，书中自有个人魅力"。古今中外伟大的政治家、演说家，无一不是博览群书的。书里的知识，给他们带来智慧，让他们才思敏捷，让他们具备了与众不同的素养，当然在说话时也有了与众不同的表现。

4月23日是西班牙作家塞万提斯和英国作家莎士比亚的辞世纪念日。1995年，联合国教科文组织将这一天宣布为"世界读书日"。书是人类文明主要承载者，是积累了人类无穷智慧和想象力的传承媒体，给予了人们众多情感的交集。阅读，不仅能扩展我们的知识空间，还能给我们指明未来的方向。

读书可以拓宽视野，丰富知识，增长才干，还可以净化心灵，陶冶情操，充实自己的精神世界。一个不读书的人，目光是短浅的，精神世界是空虚的，甚至心灵也会扭曲变形，以至于善恶不分，就好像一个不完整的人浑浑噩噩过日子，自己却觉得潇潇洒洒，实际上是虚度了年华，荒废了自我。

小贴士

1. 让孩子养成读书的习惯

让读书成为一种习惯，有的人可能会说："我从早到晚不都是在读书吗？"如果我说："你现在所读的书，如果不考试，你还会读吗？"你会怎么回答我呢？如果答案是否定的，那么说明你还没有养成读书的习惯。有的老师可能会说："我已经读了太多的书，我的知识储备已经足够把我的工作做好了。"如果我说："面对日新月异的时代，面对不断变化的一届又一届新的学生，你有没有过捉襟见肘的困窘？"如果答案是肯定的，那么说明你还没有从读书的习惯中得到生活的乐趣。

2. 让孩子拥有丰富的知识底蕴

我们要想丰富自己的知识底蕴，那就要培养每天读书和看书的良好习惯。根据自己的年龄特点和学业任务的轻重，确定每天读书和看书的具体时间。通常情况下，早上起床洗漱后比较适合诵读，诵读时间在30分钟以内，上午、下午或晚间坚持看书，时间也是以30分钟为宜，晚间也不宜超过60分钟。

3. 每天坚持看书30分钟

假如时间紧张，确实没有多余的时间用来读书和看书，那也要发扬坚持到底的精神。确定每天坚持读书或看书的时间，即便是10分钟也要坚持，规定每天必须读书或看书多少页，即便是每天坚持读书或看书10页，我们也一定要监督自己坚持下去，直到觉得每天不读书、不看书感到不习惯为止，这就培养了自己认真读书和看书的习惯了。

广泛涉猎不同领域的课外书籍

俗话说："三分课内，七分课外。"这句话说的就是学习要依靠大量的课外阅读。在实际生活中，我们可以很明显地感觉到人与人之间文学素养的差距，形成这种差距的原因有很多，首先就是他们在阅读积累方面的不同。就好比学生课堂的发言依赖于课外阅读，写作的质量更是与之息息相关，可以说，广泛阅读是提高写作水平的重要保证。广泛阅读并不是泛泛而读，而是需要留下思考的印记，比如划出好词佳句，在相应的段落、句子旁边用关键词写写自己的感受与想法。

当然，也可以做读书笔记，通常可以有三方面的内容：一是标题，分两个部分，即主标题与副标题。主标题是你看完文章之后能够有的最深刻的思想体验,副标题是读了什么文章;二是正文主体部分的第一部分,主要写自己在什么时间什么背景下,看了什么文章,这篇文章或著作主要讲了什么内容;三是围绕主标题的深刻感受,谈谈自己对这篇文章为什么会有这样的感受,然后结合自己的实际生活、学习情况、所见所闻等方面分析思考这样的感受。

让我们自由选择自己喜欢读的书籍,本身就是尊重个性的表现。而我们由封闭式读书转为开放式阅读,本身又极大地激发了自主学习的积极性。通过大力推动广泛阅读,让我们自己去获取、去探求、去寻觅、去掌握读书的乐趣,激发更强烈的读书欲望,最终形成习惯。广泛阅读把追求学问变成我们自觉自愿的行动,有助于达到增强我们的主体意识,发展我们的主体能力,塑造我们的主体人格的目的。

我们大量阅读富有人文精神的童话故事、人物传记、少年小说、世界名著缩编本等,书里的内容就容易感染到我们的内心世界。比如,一部英国儿童小说《哈利波特》征服了全世界,连成年人都不禁为小主人公的人格魅力所折服。多读中国文学、优秀中华人物事迹更是十分有必要,如屈原"伏清白以死直"的忠诚,李白"安能摧眉弯腰事权贵"的傲骨,范仲淹"先天下之忧而忧,后天下之乐而乐"的胸怀,文天祥"留取丹心照汗青"的豪情等。可以说,几千年的民族精神都在这些文字中呼之欲出。我们在阅读课外书时，需要读懂其生动有趣的情节，心中再现其栩栩如生的形象，体味关于爱、友谊、忠诚、勇敢的人类精神，从而健全自己的品格和人格。

俗话说："书到用时方恨少。"这里的少，一是读得少，二是记住得少。因此，当我们在说话、写作时便没什么词了。假如我们广泛阅读不同领域的书籍，多积累一些优美句子，时间长了，等到自己说话写作时便可以呼之即出，信手拈来，随心所欲。

小贴士

1. 读书要使用"六法"

大学问家朱熹，曾经提到读书有六法，其中第四法是要切己体察，身体力行。意思就是在告诫我们，不能死读书，读死书，而要把读书学习与实践结合起来。用我们经常所说的话就是"读万卷书，行万里路"，我们不仅要多读书，更需要将所读的书中知识运用到现实生活中去，这样才能真正地将所学的知识应用到实践。

2. 选择积极向上、健康的书籍

只要我们有更多的闲暇时间，那就要博览群书，只要是自己感兴趣的，都可以涉猎。当然，我们首先应该明确我们所读书的类型是积极向上、健康的，这样我们才能从中学到知识。

之所以会要求多涉猎其他领域的书，是因为现代社会所缺少的都是综合性人才，你不仅仅要学好书本上的知识，而且还需要深谙书本以外的知识。

观看电视节目时注重拓展视野

多数孩子们每天都有一部分时间是在看电视，通常孩子们看电视都是为了打发时间，或是消遣时光，而且在看电视时主要都是依据个人兴趣爱好，比如有孩子会喜欢音乐，有孩子会喜欢看电影，有孩子喜欢体育类等节目。不过，在看电视的过程中，孩子们都容易忽视电视节目给我们带来的另外一个作用，那就是节目中的某些故事、某句台词会成为我们说话内容的素材。这样的作用是不可忽视的，有时你在说话时会不自觉地说"我那天看到的那个感人故事，真的是一边流泪一边看完的"，"昨天新闻报道了一个奇怪的现象"等，诸如此类的话语，其实你就是不知不觉地引用节目中报道的内容。

当然，要想在节目中挖掘出说话时所需要的材料，孩子们还需要选择合适的电视节目。孩子们看电视节目的目的就是为了放松心情，当一天学习忙碌了下来，精神疲惫，希望能通过娱乐性较强的节目来放松自己，使自己得到休息。在这种情况下，孩子们很少会想到通过节目来学习积累知识和说话素材，他们更容易被那些娱乐性节目所吸引，比如选秀节目、肥皂剧等。诚然，并不是说娱乐性的节目就不能挖掘到可用的素材，而是说相比较那些有品味的节目，这些娱乐性节目提供给我们的说话材料会相对比较少而已。虽然，看电视节目是一种休闲活动，但我们还是需要尽量选择那些稍微有品味有价值的节目。

《杨澜访谈录》是由杨澜创办并亲自主持的与上海东方卫视合作的一档新的访谈节目。栏目以精彩人物、精彩话题为主要特色，关注人的性格特征和独到见解，以历史的深度和广度，表现个体与社会的相互作用，寻找人类智慧的光芒。节目定位锐意求新，突出人文和国际化特色。

《杨澜访谈录》自一九九八年一月创立以来，已访问包括美国前国务卿基辛格、美国著名电视主持人克朗凯特、中国副总理钱其琛、澳门行政区行政长官何厚铧、前国家主席刘少奇夫人王光美及李敖、中国著名声乐教育家周晓燕和国际传媒大亨默多克在内的近两百位来自海内外在政治、经济、科技、文化等领域具有代表性的知名人士。

《杨澜访谈录》是阳光卫视制作的名牌访谈节目，如果孩子能长时间观看此类节目，就可以从中了解政治、社会、文化、经济等各方面的不同知识，从而增长自己的见识，拓展自己的视野，这一档名人访谈节目是值得我们关注的。

从那些电视节目中孩子们可以发现什么样的说话素材呢？

1. 感人的故事

在每个电视台，差不多都有真人真事的报道，从这些节目中孩子们可以更多地了解到一些感人的故事。比如智障妈妈独自抚养一个弃婴，这样感人的故事可以穿插在孩子平时的说话中，当然，在使用这些材料时还需要考虑是否恰当。

2. 经典的台词

最近几年，几乎每年网上都有一些对于本年度最流行语言的总结，比如那些经典的台词和主持人颇有哲理的一些语言，都可以成为孩子说话内容的组成部分。

3. 热点新闻及时事动态

每天发生了哪些比较热点的事情，以及最近的时事动态，这些也都可以成为孩子的谈资。当孩子在学习之余，不妨将他们所了解的新闻及时事向在场的同学说说，那也能够证明出孩子知识的广博度。

多积累故事才能讲好故事

通常说话本身带来的感染力是较少的，如果你说的大多都是枯燥呆板的内容，整个说话过程没有丝毫的趣味性，那对于更希望听到一些有趣的内容的听众来说毫无意义。孩子们可以多讲一些有寓意的小故事，通过这些故事得到启发，这样的说话不仅能调动听众的积极性，同时也有效地增强说话的趣味性。

如果孩子能在说话过程中引用一些有寓意的小故事来阐述道理，那无疑可以增强说服力和感染力，使语言表达言之有据、生动形象。当然，要想达到这一点，孩子们首先需要做的就是多积累那些有寓意的小故事，增强自己的文化底蕴。

孙中山曾在广东大学做一次关于民族主义的演讲。礼堂非常小，听众很多，天气闷热，很多人都没精打采。孙中山便穿插了一个故事：

那年我在香港读书时，看见许多苦力聚在一起谈话，听的人哈哈大笑。我觉得奇怪，便走上前去。有一个苦力告诉我："我们当中一个行家，牢牢记住那马票上面的号码，把它藏在日常用来挑东西的竹杠里。等到开奖，竟真的中了头奖，他欢喜万分，以为领奖后可以买洋房、做生意，这一生再也不用这根挑东西的杠子过活了，一激动就把竹杠狠狠地扔到大海里。不消说，连那张马票也一起丢了。因为钱没有到手先丢了竹杠，结果是空欢喜一场。"

孙中山风趣的话，引来台下一片笑声。孙中山接着回到本题："对于我们大多数人来说，民族主义就是这根竹杠，千万不能丢啊！"

在这里，孙中山讲述了一个很有趣的小故事，而且通过这个小故事阐述出"民族主义就是这根竹杠"的深刻道理来。如果孙中山继续按照之前的方式说话，那估计大多数的人都支撑不下去了，因为内容太枯燥了。而有着深厚文化底蕴的孙中山适时穿插了一个有趣的故事，让那些昏昏欲睡的人清醒了过来，同时让自己的讲话取得了很好的效果。

在说话过程中，当你想阐述一些道理的时候，如果纯粹从理论上来说明，用口号呼吁，这样明显很苍白，而且会让听众感觉枯燥无味。但是，如果你能列举出有寓意的小故事来进行解释和说明，那就能够有效地阐述观点，说明道理，从而让听众信服，而且还能让内容充实，形式活泼，让听众感兴趣。

为了增强自己的文化底蕴，孩子们需要多多积累有寓意的小故事。

小贴士

1. 多积累发生在身边的故事

多积累身边的普通人普通事，因为那些伟大的人、伟大的事固然感染人，但毕竟与普通人的生活距离较远，这样不会引起听众的兴趣。如果积累一些身边的事情，用听众身边人、身边事来启发听众，对听众更有说服力，效果会更好。

2. 多积累有寓意的历史故事

中华民族历史悠久，留下了光辉灿烂的文化，其中那些有寓意的小故事可谓是数不胜数，历史故事有其特有的生动性、趣味性和深刻性，对于说明道理、吸引听众有着十分重要的作用。比如说"兼听则暗"的道理，肯定会列举"唐太宗从谏如流"或"唐高祖广纳众议"这样的历史故事。

好词好句每天一积累

说话，不可缺少的是优美、精炼的好词好句，这些词句巧妙组合才形成了一次精美的讲话。美国前总统，同时也是世界闻名的演说家的林肯就喜欢积累一些好词好句，当他看到或听到一些较好的词句时就会用纸条写下来，然后放在自己的帽子里，便于经常阅读和记忆。而当他正式讲话时，就可以巧妙地将那些平时积累下来的词句融入话语中，这个不寻常的习惯铸就了林肯一次又一次的成功演讲。因此，如果孩子要想真正提升自己的文化内涵，那就需要注重积累你所听到的好词好句，并将之转化成自己说话的内容，这无疑会为自己的讲话内容添枝加叶。

当然，这些好词好句可以是古今中外的名言名句，因为它有着较强的说服力。那些名言名句是名人生活经验的总结，也是智慧灵感的闪现，往往富有哲理，发人深思。如果你在说话中引用一些名言名句，不管是对增强话语说服力，还是增加话语感染力，都是很有帮助的。除了那些名言名句以外，你还可以多积累平时看到的优美的词句，或是人们嘴里所蹦出的有意思的语言，或者是颇有哲理的句子等。引用较好的词句是人们在说话时经常会用到的手段，将自己的观点及看法用较好的词句表达出来，可能比用自己的语言更具有说服力。许多名家在说话时都经常采用这样的方法，让听众感觉到字字掷地有声。

孩子平时讲话要善于将自己脑海中的诗词、典故、格言、谚语等，巧妙运用在所要表达的意思当中，力求言简意赅。可以说素养之深厚，情感之细腻，爱心之深沉，让听者为之动心，为之动容，让一种升腾的美好情愫迅速撞击听者的心灵，让感动涟漪的冲击波缓缓扩散。当然，当我们听到这么多有哲理的名诗名句的同时，也感受到了这位孩子深厚的文化底蕴。

不管是名言，还是警句，积累越多，对孩子的说话就越有帮助。当孩子在说无私帮助的问题时，引用"送人玫瑰，手留余香"进行论述，简洁明了，说理深刻，并且给人美的感觉。

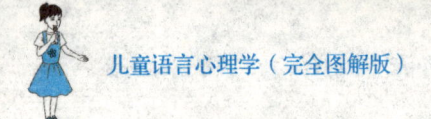

小贴士

1. 学会用自己的话阐述

有的好词好句包含的意义比较多,在这时候,孩子就要学会用自己的话来对这些名言进行陈述。这样可以令自己更容易掌握这些说话的内容,也能使听众更容易明白。

2. 准确地使用

在使用好词好句时需要注意其含义的准确性,尤其是一些名言警句,不能把它们念错了,那样不仅不能增添语言色彩,反而会闹笑话。引用好词好句还应与话语的情境相协调,引用最能说明问题的词句,并且要适可而止,不能滥用。

3. 尽可能地使用原文

比如,引用奥斯特洛夫斯基所说的原句"人的一生应当这样度过:当他回首往事的时候,不因虚度年华而悔恨,也不因碌碌无为而羞愧"来谈人生意义,说理性更强。

关注社会热点和新闻实事

朱熹在《礼记大学》中有这样一句话:"苟日新,日日新,又日新。"意思是说,如果能够一天新,就应保持天天新，新了还要更新。说话也是如此，有新意，才能给人耳目一新的感觉。孩子平时应该时刻关注时事，具备卓越的见识，这样他的眼光才会看得更远，也才能走在时代的最前面，而他们的话题才能真正地与时俱进。"与时俱进"就是说话需要洋溢着时代气息，有时代感，不断汲取创造性的思想营养和语言营养成分，语言充满生机与活力，而不是尽说一些老掉牙的话题。

这样的话，人们喜欢听。虽然说话本身要求真实、朴素，但并不是排斥语言生动和创新。如果语言味同嚼蜡那谁爱听呢？当然，要想自己说话有新意，孩子还得多关注新近发生的时事，争取让自己的说话与时俱进。

英国作家王尔德有这样一句名言：第一个把女人比作花的是天才，第二个把女人比作花的是庸才，第三个把女人比作花的是蠢才。人们总是喜欢新生事物，哪怕是听人讲话，如果人云亦云、鹦鹉学舌，或者虽是自己的语言，但老是那一套，就很难吸引人。所以要常变常新，不落俗套，做到有独到的见解。说话者要时刻为自己的话语里增添一些新鲜元素，使自己的语言新颖有趣，而不是尽讲一些陈词滥调，这样就会让人对你的能力产生质疑。

有一次，王选教授在电视台做节目，主持人要嘉宾用一句话形容自己，王选教授说："我是一个曾经作过贡献，今天高峰已过，赶不上新技术发展的计算机专家。"仅仅几句话，充分体现了他率真、坦荡的性格，很是耐人寻味。他说："一个科技工作者老是在电视上抛头露面，说明他的科学生涯快结束了。""名人要保持普通人的心态，要知道自己是一个过时的人。"身为"两院院士"，王选却认为院士这一称号是社会对科学家历史的一个肯定，"它是一个过去时态，而不是现在时态，更不是主宰未来方向的将来时态。"

有人向这位王教授讨教秘诀，但他只是说："我每天花了一小部分时间来阅读报纸，或者看看时事新闻，这样我所接触到的新鲜话题和新的语言就比较多了。"如果孩子天天不看报纸，不看电视，每天发生的大事情也不知道，那如果同学之间聊天，孩子是难以融入的，因为他们所说的都是最新的消息，而那些对于孩子来说是全然陌生的，他们唯一的举动就是睁大眼睛很茫然的样子："有这事吗？我怎么没听说呢？"那孩子就只能有当听众的份儿，而无法成为说话的主角。

小贴士

1. 语言有时代性

当孩子们关注时事的时候，你会发现几乎每隔一段时间都会有一些新鲜的词语出炉，而这些语言就是需要你去学习的，并将它融入到你的说话中去，让你的语言更具时代性。

2. 话题有新颖性

这个世界每天都在发生大大小小的事情，如果孩子的话题还停留在前年或去年发生的事情，那表示你的视野已经落伍了。你应该将新近发生的事情与自己的说话内容联系起来，从而让自己的话题更具新颖性。

说话有趣的孩子更受欢迎

通常一个说话风趣幽默的人，他的文化底蕴是较为深厚的。因为幽默是最能表达其修养与涵养的方式，因此古今中外，所有说话幽默与富有风趣的说话者，无不受到大众的欢迎和敬佩。幽默生动的语言可以更有效地传情达意，增加相互的了解，说话者以幽默坦然待人，这可以使听众解除心理上的顾虑，从而缩短彼此心理上的距离。另外，如果孩子能够运用幽默贴切的语言，会使听众有畅所欲言、表露真实感受的想法，这时说话的孩子就可以了解他人的愿望、动机及目的。

实际上，那些幽默风趣的说话风格往往来自深厚的底蕴。幽默在生活中无处不在，幽默的素材也是无处不有，关键在于孩子是否有那敏捷的思维及发现素材的慧眼。幽默贴切的语言就是生动形象的语言，同时也是让听众饶有兴致听下去的语言。对于公开场合的说话，获得听众的好感才是说话成功的关键之一，而幽默正是获得听众好感的有效方法。在较为正式或严肃的说话过程中加上幽默贴切的语言，往往会让气氛活跃起来，同时也会让孩子的紧张感在笑声中得到松弛。

在2000年8月举行的南部非洲发展共同体首脑会议上，曼德拉一连串的幽默话语征服了上千名与会者，堪称妙语连珠。他走到讲台前说："这个讲台是为总统们设立的。我这位退休老人今天上台讲话，抢了总统的镜头。我们的总统姆贝基一定很不高兴。"话音刚落，笑声四起。这时，主持人为他搬来一把椅子，请他坐下演讲。他在谢过主持人后说："我今年82岁，站着讲话不会双手颤抖得无法捧读讲稿，等到我百岁讲话时你再给我把椅子搬来。"会场里又是一阵笑声。曼德拉在笑声后开始正式发言。

曼德拉幽默的语言调动了人们的情绪，在那种场合都是极为严肃的，所以在场的人们也不会去过多的关注某个人，但是曼德拉幽默的语言给大家带来欢乐，也调动了他们积极倾听的情绪。

说话者风趣幽默，也需要其本身具备一些基础和条件，也就是具备一定的文化底蕴，这样才能使说话内容风趣幽默，充满真情实感。

小贴士

1. 较高的文化修养和语言表达能力

孩子语言修养高、文化知识丰富，对古今中外、天南海北、历史典故、风土人情等各种各样的知识都有所了解和掌握，那他再加上丰富的语汇、灵活多样的语言表达方式，这样说起话来就会出口成章，自然就活泼、生动、有趣。

幽默说话是说话者拥有聪明才智的标志，它要求有较高的文化素养和较强的驾驭语言的能力。但是，在说话过程中，幽默只是一种风格、一种手段，并不是目的，不能为幽默而幽默，一定要根据具体的题旨语境，适当选用幽默的语言。

2. 高尚的情趣和乐观的信念

通常幽默的语言是建立在孩子有较高的思想境界和较高的涵养上。如果是一位心胸狭窄、思想颓废的人，他是不会幽默的。恩格斯曾经说："幽默是表明人对自己事业具有信心并且表明自己占有优势的标志。"因此，幽默永远属于那些拥有热情的人，属于那些生活的强者。

3. 较高的观察力和想象力

孩子在说话过程中，幽默地说话具有反应迅速的特点，这就要求孩子本身必须是思维敏捷、能言善辩的。而这往往来自于孩子对生活的深刻体验和对事物的认真观察。孩子只有具备了较高的观察力、想象力，才能在说话过程中灵活地运用比喻、夸张等方式讲出幽默的话语。

参考文献

[1]杨苏北.儿童口才艺术与沟通技巧[M].北京：中国商业出版社，2019.

[2]赵麦芹.儿童口才课[M].天津：天津人民出版社有限公司，2019.

[3]林静.滔滔少儿口才：儿童语言综合训练与提高[M].济南：济南出版有限责任公司，2010.

[4]刘晓敏.儿童公众演讲[M].北京：北京交通大学出版社有限责任公司，2020.